中华文化元素
ZHONGHUA WENHUA YUANSU

冯天瑜　姚伟钧　主编

姓　名
XINGMING

何晓明　著

长春出版社
国家一级出版社
全国百佳图书出版单位

图书在版编目（CIP）数据

姓名／何晓明著．—长春：长春出版社，2016.12（2020.1重印）

（中华文化元素丛书／冯天瑜，姚伟钧主编）

ISBN 978-7-5445-4687-4

Ⅰ．①姓… Ⅱ．①何… Ⅲ．①姓氏－文化－中国 Ⅳ．①K810.2

中国版本图书馆CIP数据核字（2016）第282223号

姓　　名

著　　者：何晓明
责任编辑：程秀梅　胡　新
封面设计：王国擎

出　　版：长春出版社	总编室电话：0431-88563443
地　　址：吉林省长春市建设街1377号	发行部电话：0431-88561180
邮　　编：130061	
网　　址：http://www.cccbs.net	
制　　版：长春出版社美术设计制作中心	
印　　刷：长春天行健印刷有限公司	

开　　本：787毫米×1092毫米　1/16
字　　数：147千字
印　　张：18.25
版　　次：2016年12月第1版
印　　次：2020年1月第2次印刷
定　　价：58.00元

版权所有　盗版必究

如有印装质量问题，请联系印厂调换　　印厂电话：0431-84485611

总　序

一

由别具慧眼的长春出版社策划的本丛书，以蕴含中华文化元素的诸事象为描述对象，试图昭显中华文化的特质、流变和前行方向。

"元"意谓本源、本根，"素"意谓未被分割的基本质素，合为二字词"元素"，原为化学术语，本义是具有相同核电荷数（即相同质子数）的同一类原子的总称，如非金属元素氧（O）、金属元素铁（Fe），是组成具体自然物——氧化铁（Fe_2O_3）的基本质素。

作为化学术语的汉字词"元素"，由日本江户时代的兰学家宇田川榕庵（1798—1845）在所著《植学启原》（1834）和所译《舍密开宗》（1837）

中创制，是对荷兰语 grondstof 的意译。清末来华的美国长老派传教士丁韪良（1827—1916）在《格物入门》（1868）中创汉字词"原质"，意译同一西洋术语（英文为 element）。清末民初，汉字词"元素"自日本传入中国，逐渐取代"原质"。1915 年，中国科学社董事会会长任鸿隽（1886—1961）在《科学》杂志第一卷第二号上发表《化学元素命名说》，为中国较早使用"元素"一词的案例。①

在现代语用实践中，"元素"这一自然科学术语被广为借用，泛指构成事物的基元，这些基元及其组合方式决定事物的属性。"文化元素"指历史上形成并演化着的诸文化事象中蕴藏的富于特色、决定文化性质的构成要素。

本丛书论涉的"中华文化元素"，约指中华民族在千百年的历史进程中（包括在与外域文化的交融中）铸造的具有中国气派、中国风格、中国韵味的基本质素，诸如阴阳和谐、五行相生相克、家国天下情怀、民本思想、忧患意识、经验理性导引下的理论与技术、儒释道三教共弘的非排他性信仰系统、区别于拼音文字的形义文字及其汉字文化，等等。它们生长发育于中华民族生活方式、思维方式的运行之间，蕴藏于器物文化、制度文化、行为文化（风俗习惯）和观念文化的

① 聂长顺，肖桂田：《近代化学术语元素之厘定》，《武汉大学学报》（人文科学版）2010 年第 6 期。

纷繁具象之中，并为海内外华人所认同。

二

文化的各个不同级次、不同门类包含着各具个性的中华元素。如水墨画的书画同源、墨分五色，武术的技艺合一、刚柔相济、讲究武德，园林的天然雅趣和"可居可游可赏"追求，民间风俗文化涵泳的吉祥、灵动、热烈、圆满，建筑中使用"中国红"（体现生命张力）、中轴线、对称与不对称美感，等等。

汉字及汉字文化是中华元素的一个案例。

世界各种文字都是从象形文字进化而来，多数文字从象形走向拼音，而汉字则从象形走向表意与表音相结合的"意音文字"，近有学者将汉字归为"拼义文字"，即注重语义拼合的文字：首先创造多个视觉符号作为表达万象世界的基本概念，然后将这些符号组合起来，用小的意义单位拼合成大的意义单位，表达新事物、新概念。①

自成一格的汉字创发于中国，是世界上仅存的生命力盎然的古文字，它主要传播于东亚，成为东亚诸国间物质文化、制度文化和精神文化互动的语文载体。在古代，中国长期是朝鲜、

---

① 张学新:《汉字拼义理论：心理学对汉字本质的新定性》，《华南师范大学学报》（社会科学版）2011年第4期。

日本等东亚国家的文化供给源地；至近代，日本以汉字译介西方文化，成效卓异，日制汉字词中国多有引入。汉字在汉字文化圈诸国所起的作用，相当于拉丁文在欧洲诸国所起的作用，故有学者将汉字称为"东亚的拉丁文"。汉字是中华文化系统中影响最为深远广大的文化符号。

20世纪初，日本学者内藤湖南（1866—1934）提出"中国文化圈"概念，指以中国为文化源及受中国文化影响的东亚地区，日本是"中国文化圈的一员"，他在《中国上古史》中说："所谓的东洋史，就是中国文化发展的历史"，是以汉字为载体的中国文化在东亚地区传播的历史。①此论阐发了汉字这一中华元素在东亚文化圈的重要意义。

中国人在20世纪30年代即对日本学者提出的东洋文化史观做出回应，傅斯年（1896—1950）在1933年著《夷夏东西说》，概括东亚文化的特别成分：

  汉字、儒教、教育制度、律令制、佛教、技术。②

这是中国学者对东亚文化圈的要素即"中华元素"做出的提取。

承袭内藤说，日本的中国史学家西嶋定生

---

① [日] 内藤湖南：《中国上古史》，《内藤湖南全集》卷十，东京：筑摩书房，1997年。
② 傅斯年：《夷夏东西说》，《中央研究院历史语言研究所集刊》外编第一种，1933年。

（1919—1988）在二战后所著《东亚世界与册封体制——6—8世纪的东亚》中指出，东亚世界存在一个以中国为册封中心，周边诸国（日本、朝鲜）为册封对象的"册封体制"，从而提出东亚地区的一种"文化圈"模型。西嶋定生在《东亚世界的形成》中概括汉字文化圈的诸要素（或称"中华元素"）：

> 一、汉字文化，二、儒教，三、律令制，四、佛教等四项。其中，汉字文化是中国创造的文字，但汉字不只使用于中国，也传到与其语言有别又还不知使用文字的邻近诸民族……而其他三项，即儒教、律令制、佛教，也都以汉字作为媒介，在这个世界里扩大起来。①

1985年，法国汉学家汪德迈在《新汉文化圈》一书中论述"汉文化圈"的特点：

> 它不同于印度教、伊斯兰教各国，内聚力来自宗教的力量；它又不同于拉丁语系或盎格鲁-撒克逊语系各国，由共同的母语派生出各国的民族语言，这一区域的共同文化根基源自萌生于中国而通用于四邻的汉字。②

---

① [日]西嶋定生：《东亚世界的形成》，参见刘俊文主编，高明士等译：《日本学者研究中国史论著选译》第二卷，中华书局1993年，第88页。
② [法]汪德迈：《新汉文化圈》，陈彦译，江西人民出版社1993年，第1页。

 姓名

这里着重表述"中华元素"之一种——汉字的功能，汉字深刻影响东亚人的思维方式和表达方式，使汉字文化圈成为一个有着强劲生命活力的文化存在。

三

"中华元素"并非凝固不变、自我封闭的系统，它具有历史承袭性、稳定性，因而是经典的；具有随时推衍的变异性、革命性，因而又是时代的，2008年北京奥运会开幕式表演突显四大发明，2010年上海世博会中国馆采用中国红，皆为古老的中华元素的现代展现；中华元素是在世界视野观照下、在与外域元素（如英国元素、印度元素、日本元素、印第安元素）相比较中得以昭显的，故是民族的也是国际的，是中国的也是世界的。美国好莱坞动画片《功夫熊猫》《花木兰》演绎中华元素并获得成功，便是一个例证。

文化元素并非游离于文化事象之外的神秘存在，它们从来都与民族、民俗、民间的文化实践相共生，始终附丽并体现于器物、制度、风俗诸方面的具体文化事象和文化符号之中。中华元

素之于文化事象，如魂之附体，影之随形，须臾不可分离。从诸文化事象（如江南园林、八大菜系、春节中秋等节庆、书画篆刻、昆曲京剧、武当少林功夫）的生动展现中提取中华元素的魂魄，昭显大众喜闻乐见的文化符号（如深蕴和谐精义的太极八卦图，代表四方、四季的"四灵"——青龙、白虎、朱雀、玄武，代表中央的麒麟）包蕴的精义，是本丛书的使命。

本丛书由阐发体现中华元素的若干文化事象（如园林、饮食、节庆、书画、宫殿、戏曲、服饰、汉字、武术、钱币、宗族、书院、姓名、茶等）的系列作品组成。

中华元素是构建当代中国文化及其核心价值体系的基本成分之一，是塑造国家形象、提升国民精神的重要资源。开掘并弘扬中华元素，有助于加深中国文化对国人的感召力、亲和力，增强历史敬畏感和时代使命感，提升民族自信心和文化传承创新的自觉性。

抉发中华元素还有一层意义：通过蕴藏中华元素的文化事象、文化符号，彰显可亲可敬的中国风格，奉献给异域受众，增进国际传播，推动中国文化"走出去"。

本丛书的选题及其撰写沿着"即器即道"的文化史路数，避免一味虚玄论道，也不停留于文

 姓名

化现象的就事论事,而追求道器结合——于形下之器透现形上之道,又让形上之道坐实于形下之器,使中华元素从文化事象娓娓道来的展示中得以昭显。

冯天瑜
2016 年 10 月
于武汉大学中国传统文化研究中心

前　言

源远流长、博大精深的中华文化生动地体现在我们的日常生活中。我们每一个人的姓名，都可以折射出它的光辉。按照文化结构学的原理，姓名是中华文化传承繁衍、生生不息的基本元素之一。

让我们看两个古今人物姓名的实例：

春秋时代的屈原，是妇孺皆知的爱国诗人。关于他的姓名，司马迁记载："屈原者，名平，楚之同姓也。"(《史记·屈原贾生列传》)屈原自己则在《离骚》的开篇写道：

  帝高阳之苗裔兮，朕皇考曰伯庸。
  摄提贞于孟陬兮，惟庚寅吾以降。
  皇览揆余初度兮，肇锡余以嘉名。
  名余曰正则兮，字余曰灵均。

 姓名

屈原不姓屈，而是姓芈。屈不是姓，是什么？屈是氏。楚武王通生子瑕，瑕受封于屈地，于是以屈为氏。屈原是屈瑕的后代，所以也氏屈。在上古时代，姓与氏是有区别的。简而言之，氏是姓的分支。"故姓可呼为氏，氏不可呼为姓"（《通志·氏族略序》），所以，正确的说法是屈原姓芈，氏屈。

屈原，名平。"原"与"平"是什么关系？"原""平"与屈原自称的"正则""灵均"又是什么关系？春秋时代，人有名有字。"幼名，冠字。"（《礼记·檀弓》）孩子出生三个月命名，二十岁成年后命字。尽管名与字的用法不同，但是它们本身的意思却存在密切的关联。二者或相同，或相通，或相反。《尔雅·释地》称："广平曰原。""平""原"二字因此而发生联系。至于屈原自称名"正则"，字"灵均"，则是与"平""原"二字意义相应的别名。

古人姓名复杂多端，近人姓名也不简单。

以同样妇孺皆知的民主革命的先行者孙中山为例，他的名字就有很多讲究。据不完全统计，孙中山被人称呼过的名字有几十个之多。1866年11月12日（清同治五年十月初六），孙中山出生于广东香山翠亨村一个农民家庭。父亲给他取幼名为帝象，入学时以孙文为正式姓名。此后，凡在重大的、正规的政治场合，孙中山都使用这一

姓名。17岁时，孙中山又自号日新，其意取自儒家经典《大学》所录"汤之《盘铭》"："苟日新，日日新，又日新。"表达了不断追求进步的人生抱负。1884年，孙中山在香港加入基督教。施洗礼后，他任基督教牧师，同时也是他的老师的区凤墀，根据粤语"日新"的谐音，给他改号"逸仙"。意气风发的青年孙中山与同伴陈少白、杨鹤龄、尤列一道抨击时政，鼓吹反清，一时被人们称为"四大寇"。他本人更因为钦佩太平天国的领袖人物洪秀全，而被人起了"洪秀全"的绰号。对此，孙中山不但不忌讳，反而引以为自豪，有时干脆自称"洪秀全第二"。投身革命之后，孙中山经常变换化名。1897年他在日本时，某次投宿旅店，陪同的日本朋友平山周随手在登记簿上写下一日式姓氏"中山"，孙中山自己又在其后添上一"樵"字，并就此以"山野樵夫"自命。给中国近代史册留下光辉印迹的"孙中山"一名，便是由此而来。在艰苦卓绝的革命斗争生涯中，孙中山先后使用过许多不同的化名，其中有的完全是为了隐藏身份，如陈文、杜嘉诺、高达生、高野长雄等；有的则在隐名的同时，也表达了高远的革命情怀，如帝朱（隐含仿明帝朱元璋结束异族统治之志）、杞忧公子（反其义用"杞人忧天"的典故）、中原逐鹿士（直抒建立新政权的豪情），等等。

通过以上实例可以看出，人的姓名绝不仅仅

 姓名

是为了满足社会交往的需要而产生的简单符号，它与民族国家、社会制度、历史阶段、婚姻形态、风俗习惯、语言文字、思维方式、价值观念等均有密切的关系。可以毫不夸张地讲，姓名是一座极富开掘价值的文化宝库，承载着多方面的社会功能。

其一，代表群体个体。

这是姓名最基本的和最原始的功能。上古之时，随着人类相互之间（包括人与人之间、氏族与氏族之间、部落与部落之间、部落联盟与部落联盟之间）发生交往的可能性与必要性日益增长，参与交往的各单位（包括个体的人、群体的氏族、部落、部落联盟）就需要拥有一个自己专有的称呼——自己的"名"。名有公名和私名之分。单个的人，有独自的私名；由单个的人依血缘、地域或政治关系而组成的群体，有共享的公名。一般说来，最早的私名只是根据个人的外貌、形体特征来规定，大致类似于后来的"绰号"，例如胖子、矮子、独眼之类。人们通过这些独特的外貌、形体之"名"来辨别个人，"名"因此实现了最基本的社会功能。随着人类的进化、活动空间的拓展，不同氏族、部落之间的联系日益紧密。从前重要的是区别氏族内部的个人，现在则是要区别不同的氏族、部落，于是，作为氏族、部落的"公名"问题凸显出来。从文化发生学上看，"图腾"是人

类社会最早出现的公名。今天仍具"公名"意义的姓氏,正是由"图腾"演变而来的。中国历史上,比具象的图腾的形式更进化的人群的公名,有"燧人氏""有巢氏""神农氏"等。它们既是半人半神的神话传说中氏族领袖人物的专名,同时也是这些领袖人物所属氏族的公名。以"燧人氏"为例:"有圣人作,钻燧取火,以化腥臊,而民悦之,使王天下,号之曰燧人氏。"(《韩非子·五蠹》)用人工方式取火,是人类进化历史上划时代的伟大发明。完善的人工取火方法,不可能是哪一个先知先觉者的独立发明,而只能是由群体共同完成的。因此,将"燧人氏"理解为氏族的公名,或许较之作为个别英雄人物的私名,更符合历史发展的本来面目。

其二,表明等级身份。

中国历史上的上古、春秋时代,有没有姓氏,本身就是身份高低的标志。当时并非人人有姓有氏。姓氏的取得要经过天子的命赐,同时诸侯也可为属下命氏。换言之,有姓氏者,均为有一定身份的人。依此历史事实,"百姓"一词的本义就不是今天人们理解的一般民众,而是专指贵族。

姓名表明身份等级的另一突出征象,是在人人都有了姓氏的魏晋南北朝时期的门阀制度下,不同姓氏之间存在着明显的高下之分。"上品无寒门,下品无世族。"门阀世族与普通的"寒门"

百姓之间，不通婚、不共席，甚至不穿同样的衣服。依其势力、影响的大小，各姓分成"四海大姓""州姓""郡姓""县姓"等不同的等级。尤其是"王""谢""袁""萧"四姓，烜赫一时。唐玄宗以后，门阀制度彻底崩溃。唐宪宗时期编撰的《元和姓纂》，不再给过去的豪门世族以优先地位，连皇族李姓也不做特殊安排，各种姓氏一律按其在唐韵206部中的位置排列。这表明，姓氏表明身份等级的社会功能渐趋弱化。

其三，规范婚姻秩序。

在中国历史上，姓名承担的另一重要社会功能，是规范婚姻秩序。三代之时，便有"男子称氏，女子称姓"之说。为什么要强调"女子称姓"？其目的在于解决"同姓不婚"的问题。古人虽然还不能科学地理解和解释近亲繁殖的危害，但是他们通过长期的观察，已经察觉出由氏族内部通婚而带来的人种退化现象。于是，禁止同姓亦即同族内部的婚姻，也就逐渐成为人们的共识。王国维认为，"同姓不婚"是在周代形成定制："上古女无称姓者……而周则大姜、大任、大姒、邑姜，皆以姓著。自是讫于春秋之末，无不称姓之女子。"[①]同姓之间，"商人六世以后或可通婚，而同姓不婚之制实自周始。女子称姓，亦自周人始矣"。[②]周代以后，历朝历代的风俗与法律，基本上都沿袭了"同姓不婚"的规定。如《唐律》规定：

[①][②]王国维：《殷周制度论》，《王国维全集》第八卷，杭州：浙江教育出版社，2010年，第316页。

"诸同姓为婚者,各徒二年。"《明律》规定:"凡同姓为婚者,各杖六十,离异。"

时至今日,许多同姓人之间已经不再有直接、亲密的血缘关系。因此,男女缔结婚姻关系,也不再受"同姓不婚"的约束。而且,现代科学研究已经证明,即便是同族同姓,经过若干代以后,男女婚配也不会产生不良后果。所以,法律对于这样的恋爱婚姻,同样予以保护。

其四,弥补命运缺憾。

中国传统文化里一向有"命运"一说。小孩出生后,请算命先生算一算,看他一生命运如何。如果算出有什么问题,便在命名的时候加以补救。于是,姓名就有了弥补命运缺憾的功能。

鲁迅在小说《故乡》中,深情地写到自己少年时代的朋友闰土。关于闰土的名字,他说道:"闰月生时,五行缺土,所以他的父亲叫他闰土。"这里所谓的"五行缺土",就是算命先生算出的问题。算命有多种方法,比较常见的是阴阳五行"八字"算命法。最晚到魏晋之时,人们出生的年、月、日、时,已经开始与天干地支相配合了。依"八字"算法,每个人出生的年、月、日、时为"四柱",配合天干(甲、乙、丙、丁、戊、己、庚、辛、壬、癸)和地支(子、丑、寅、卯、辰、巳、午、未、申、酉、戌、亥)标记,合为八字。而天干、地支各字又分别与金、木、水、火、土五行有相配的关系。天干中,甲、

乙属木，丙、丁属火，戊、己属土，庚、辛属金，壬、癸属水；地支中寅、卯、辰属木，巳、午、未属火，申、酉、戌属金，亥、子、丑属水，土则寄于辰、戌、丑、未之间。鲁迅笔下的闰土之名，便是依此规则而来。四十年前，笔者在地处江汉平原的湖北潜江插队务农。同村一李姓农民喜得贵子，但算命的结果是八字中既缺水又少金。因为辈行用字是固定的，所以在剩下的一字名中，必须解决缺水少金的大问题，焦急中，孩子的父亲向我问询有没有这样的字，我依稀记得有一"淦"字，但拿不准。结果在大队小学里找到一本字典，取得确证。为了此事，孩子全家对我一谢再谢，而我自己也很得意。以致多少年以后，对当时的情景还记得清清楚楚。

运用五行八字算命，显然无科学性可言，不过它在一定程度上，通过暗示刺激，帮助人们获得心理平衡。因此，其效果也有积极的一面，我们应予理解。

其五，指代特殊事物。

姓名的基本功能是作为人的标志符号。循名责实，名实相符，都是对人而言。但是，也有的特殊场合，姓名由人的指代演化而为物的指代。这种情况，中外均曾发生。

美国独立战争时，纽约州某粮食检察官名叫山姆·威尔逊（Samuel Wilson），人们称他山姆大叔。他的上司名叫埃尔伯特·安德森（Elbert Anderson）。山姆认真履行职责，在运往前线的每一个军粮桶上都盖上"EA-US"字样，表示已检查放行。EA代表他的上司，US代表美国。可是调皮的装卸工们却开玩笑说，US指的是山姆大叔自己（Uncle Sam）。这种诙谐的叫法很快在战地传开，并在以后的岁月里，得到越来越多人的认可。于是，"山姆大叔"便成了美国的代称。

在中国，三国时杰出的政治家、军事家，同时也是杰出诗人的曹操，写过一首有名的《短歌行》："对酒当歌，人生几何！譬如朝露，去日苦多。慨当以慷，忧思难忘。何以解忧，惟有杜康。"诗中的"杜康"，显然是人的姓名，但是在这里，是酒的代称。相传杜康是黄帝时代的宰人（掌管膳食之官，号酒泉太守，是酒的发明者）。随着曹操名作《短歌行》的千古传诵，人们对于以"杜康"作为美酒琼浆的代称，也就习以为常了。

其六，体现社会评价。

因为人有姓名，所以人有"名声"。人的名声，实际上体现的是社会公众对某人的德行、品质、能力的公正评价。《水浒传》第二十二回写道：景阳冈上的打虎英雄武松，在柴进的庄院里邂逅宋江，因不相识，"气将起来，把宋江劈胸揪住"，正要无礼，却被柴进告知面对的"什么鸟人"竟是"及时雨宋公明"，话音刚落，这位打虎英雄第

一反应便是"纳头便拜""跪在地下,哪里肯起"。为什么有此戏剧性的场面出现?用武松自己的话解释:"我虽不曾认的,江湖上久闻他是个及时雨宋公明,且又仗义疏财,扶危济困,是个天下闻名的好汉。""及时雨"这一绰号(绰号也是姓名的一种特殊形式),正表示了社会大众对"扶危济困"的"宋公明哥哥"的充分肯定、热切期盼和无比敬仰。与此相反,电影《红色娘子军》中那个恶贯满盈的"南霸天"之类反面人物的臭名昭著,不也正是社会道德、公平和正义对种种恶人的深刻揭露和严厉鞭笞么?!

其七,凝聚文明精华。

人类在创造文明的同时,也创造了自己的姓名。在特定语境下,人的姓名可以承担一种特殊的社会功能,这就是凝聚文明精华。人们在强调集思广益的必要性时,往往用"三个臭皮匠,顶个诸葛亮"来比喻。人们厌恶问题发生之后跑出来假装高明的家伙,往往讥讽他是"事后诸葛亮"。三国时代那位羽扇纶巾的"卧龙先生"的英名,经过近两千年的历史积淀,已然成为中华民族聪明、智慧、神机妙算等优良品质最形象化的代名词。1963年春天,毛泽东主席号召全国人民"向雷锋同志学习"。从那以后,在中国人民的心目中、在中国语言文字系统里,"雷锋"已经不再仅仅是那个出生于湖南望城、手臂上留有地主老财三道刀痕的苦孩子的名字，不再是那个沈阳部队模范班长、小个子汽车兵的名字，"雷锋"已成为一种象征符号，代表着也凝聚着中华民族勤奋简朴、公而忘私、严于律己、宽以待人的历史传统和时代精神。尤其引人深思的是，时至20世纪90年代，在闻名全球的美国西点军校里，那些碧眼金发的洋学生竟然也开展向大洋彼岸辞世已久的雷锋学习的活动。雷锋，优秀的中国青年军人，"名不虚立"，为他的军队、为他的国家和民族，争得了荣誉。他的姓名，不仅凝聚了中华民族，而且在相当意义上也凝聚了全人类的文明精华。

目　　录

第一章　姓氏源流　　001
第一节　姓从何来……003
第二节　姓氏分合……015
第三节　姓的改动……023
第四节　单姓复姓……033

第二章　名号大观　　041
第一节　取名法则……043
第二节　名的改动……054
第三节　古人的"字"……060
第四节　多彩别号……069

第三章　姓名文采　　083
第一节　姓名意义……085
第二节　姓名字形……100
第三节　姓名读音……108

第四章　姓名伦理　　121
第一节　排行论辈……123

目　录

第二节　论祖归宗 ………………………… 133
第三节　男女有别 ………………………… 144
第四节　姓名避讳 ………………………… 153

第五章　姓名习俗　169
第一节　小名诨名 ………………………… 171
第二节　代号化名 ………………………… 187
第三节　笔名艺名 ………………………… 194
第四节　书斋室名 ………………………… 214

第六章　姓名游艺　223
第一节　姓名与对联 ……………………… 225
第二节　姓名与谜语 ……………………… 247

参考文献　263

后　记　266

第一章 姓氏源流

从历史演变的全过程看，中国人的姓名有姓、氏、名、号、爵、谥、地望、行第等多种构件。其中最重要的还是姓（或者说姓氏）。陌生人相见，礼貌的做法是首先请教对方"该怎么称呼"，这实际上是在询问"您姓什么"，因此，也有人干脆直接发问："您贵姓？"无论从姓名发生的逻辑顺序，还是从历史与现实生活里人们交往的实际状况看，在讨论姓名问题时，厘清姓氏源流，无疑是首要的工作。

第一节　姓从何来

每个人都有自己的姓。从历史文化的角度看，人的姓从何来还真不是三言两语就说得清楚的问题。《白虎通义》这样说明姓的由来：

> 姓所以有百者何？以为古者圣人吹律定姓，以纪其族，人禀五常而生，正声有五，宫、商、角、徵、羽，转而相杂，五五二十五，转生四时异气，殊音悉备，故姓有百也。

律，是古代用来校正乐音标准的管状仪器，以管的长短来确定音阶。"古律用竹，又用玉，汉末以铜为之。"（唐司马贞《史记索隐·律》）吹奏音乐，依其声音来确定姓氏，这种说法固然美妙、浪漫，但显然是作者的主观臆断之辞，其距离姓氏由来的事实真相，实在是不可以道里计了。

要回答姓从何来，首先得明白姓的原始意义。姓是什么？姓是源于同一女性始祖的族属共有的名称。现在小孩出世，一般随父姓。但在远古之时，男女之间没有严格的性关系规范，更没有明确的对偶婚制度。在亲子关系的认定上，往往是只知其母，不知其父，当然也就不可能随父姓了。这便是"姓"字为什么由"女""生"二字拼合而成的原因。也正因为如此，我们在西周青铜器上的铭文中所看到的最早的古姓，几乎都有一个女字偏旁，如姬、姜、姒、嬴、妊、妃、好、姚等。

从古至今，姓都不是哪一个人独有的，而是属于一群人共有的。这"一群"，有时可多至数千万人。如现今中国的李姓、王姓、张姓，人口都在七八千万以上，当然这是后话。在姓出现之初，它仅仅是某一个母系群体的"公名"，而在上古时代人们的心目中，自身群体的公名的最便捷的来源，或者是自己生于斯长于斯的地名，或者是群体崇拜的图腾的名称。关于前者，《国语·晋语》记载的例证是：炎帝【图1-1】的姜姓，源于姜水；而黄帝【图1-2】的姬姓，源于其氏族居住区内的姬水。关于后者的文化史依据是，在混沌初开的上古时代，人们不了解人类自身的

图1-1 炎帝

图1-2 黄帝

起源，不了解人与自然的关系，认为每个氏族都与某一自然物或自然现象（如鸟兽、林木、土石、雷电等）存在着特殊的亲缘关系，从而将它们认作本氏族的祖先或保护神，奉为自己崇拜的图腾。现有研究表明："每一个氏族都有一种图腾，这个图腾就发展为后来的姓。如云南新平杨武鲁魁大寨的彝族人认为，方姓是獐子变来的，杨姓是绵羊变来的，范姓是水牛变来的，张姓是绿斑鸠变来的，等等。"①还有学者考证出百家姓中的熊、马、牛、羊、乌、凤、龙、梅、花、李、叶、林、山、水、方、石、毛、皮、冯、风等姓与上古氏族图腾的直接关联。②

关于姓氏出于图腾的问题，也有研究者提出不同的意见。马雍认为，每一个原始部落都有其图腾传说，中国古代也有，这是没有疑问的。但是，中国古代的姓是否即是图腾，却难以证明。他强调，近代有些学者企图把古代部落的姓统统解释为图腾，如把姚姓解释为以桃为图腾，把姜姓解释为以羊为图腾，把己姓解释为以蛇或虫为图腾，都是毫无根据的。至于今天的姓氏，绝大多数是由春秋战国时期的氏转变而来，就与图腾更无关系。③

谢维扬也指出，不可简单地认为姓就是图腾。一方面，中国史前的姓，有的并非来自氏族祖先前身的形象，如姬、姜二姓并不涉及这两个氏族祖先所由产生的动物或植物。另一方

①宋兆麟，黎家芳，杜耀西：《中国原始社会史》，北京：文物出版社，1983年，第473页。
②曹涛：《中国姓氏的演变》，《江西师院学报》1979年第1期，第39—47页。
③马雍：《中国姓氏制度的沿革》，《中国文化研究集刊》第2辑，上海：复旦大学出版社，1985年，第177—178页。

 姓名

面，有些已知的氏族始祖前身的形象又与它的姓没有关系，如商人子姓就与其始祖前身玄鸟无关。总之，"中国远古代的居民，在氏族名称或标记方面，有着自己的特点，那就是形成了姓这个形态。它是氏族的标志，却不包含氏族祖先的含义，也没有对它的禁忌和崇拜。因此，它与图腾是不同的。"①

作为某一群体的公名，姓的数量起初并不太多。相传黄帝、炎帝之后，黄帝之子共传25人，"其得姓者十四人，为十二姓，姬、酉、祁、己、滕、箴、任、荀、僖、佶、儇、依"（《国语》卷十《晋语四》）。春秋时代的姓，顾栋高统计仅21姓（《春秋大事表》十一《春秋列国姓氏表叙》）。则认为，"言姓者，本于五帝，见于《春秋》者得二十有二"（清顾炎武《日知录》卷二十三《姓》），即、妫、姒、子、姬、风、嬴、己、任、姞、祁、芈、曹、妘、董、姜、偃、归、曼、熊、隗、漆、允。谢维扬统计周代见于文献的姓有34种，依其来源，可分为原生姓（如风、姜、姬、嬴、偃等）、分化姓（如姚、姒、妫等）和其他（即不知起源者，如曼、归、熊、隗、怀、允、漆等）三组。②

无论上述数字哪一个最准确，先秦古姓不过50个左右，这是没有疑问的。但是，现在我们得知在历史上曾出现过的，以及目前还在使用的姓，有数千个之多。有人统计，见于文献的

---

①谢维扬：《周代家庭形态》，北京：中国社会科学出版社，1990年，第135—136页。

②谢维扬：《周代家庭形态》，北京：中国社会科学出版社，1990年，第126—131页。

姓氏有5662个，其中单姓3484个，复姓2032个，三字姓146个。这还不包括四字姓和元、清时代移居中原的蒙古族、满族人译改的姓。边疆少数民族的姓氏也未计算在内。另一种统计则算出，见于文献的姓氏共有6362个。[1]这么多的姓，是从哪里来的呢？要弄清楚这一问题，必须先了解少量的姓分化出众多的氏，而众多的氏又与姓相统一这样一段饶有兴味的文化史进程。

有意思的是，从文字学的角度分析姓、氏这两个字的写法，可以帮助我们理解它们的文化学、社会学意义。这是以象形和会意为主要结构方式的汉字系统为我们提供的特殊恩惠。

姓，属于会意字，即利用已有的字，依据一定的逻辑加以组合，表示一个新的概念。在甲骨文、诅楚文（战国时秦国刻石文字）中，姓字即由女、生组合而成。在金文中，姓字由人、生组合而成。许慎的《说文解字》解释："姓，人所生也。古之神圣母，感天而生子，故称天子。从女，从生，生亦声。"

女子所生为姓，生而有姓。从这一点出发，古代"姓"和"生"通用，有时还特指生子。东汉刘熙的《释名》说："女生为姓，谓子也。"三国魏张揖的《广雅·释亲》说："姓，子也。"清王念孙进一步疏证："姓者，生也，子孙之通称也。"意思是一个人生而有姓，同一血统的子孙

[1]徐俊元,等:《贵姓何来》,石家庄：河北科学技术出版社，1985年，第53页。

同姓。这就是文字学告诉我们的"姓"字的意义。

氏，属于象形字。甲骨文和金文中都有这个字，而且写法基本一致。许慎认为，这个字是像山岸崩塌之形，"氏崩声闻数百里"。（东汉许慎《说文解字》）清人朱骏声不赞成此说，他认为氏字的本义应为木本，即植物的根，弯曲的根叫氏，直形的根叫氐。（清朱俊声《说文通训定声》）

在现代人眼里，姓与氏似乎是同一的，没有区别。人们司空见惯地以姓氏笔画为序，不就说的是按所姓之字的笔画多少来排列先后顺序吗？可见姓就是氏，氏就是姓。但是，在上古时代，姓与氏却是有严格区别的。关于这一点，南宋学者郑樵说得很清楚："三代之前，姓氏分而为二：男子称氏，妇人称姓。氏所以别贵贱，贵者有氏，贱者有名无氏。……故有同姓、异姓、庶姓之别。氏同姓不同者，婚姻可通；姓同氏不同者，婚姻不可通。"（南宋郑樵《通志·氏族略》）

上古时代的姓与氏，既有联系又有区别。简单地说，一姓可包括若干氏，这就是《通鉴·外纪》所谓的"姓者统其祖考之所自出，氏者别其子孙之所自分"。换言之，姓是大宗的族号，氏是由大宗分出去的支系小宗的族号。大约到旧石器时代晚期，人们逐渐察觉了近亲之间性关系给后代人口素质带来的严重后果，认识到"男女同姓，其生不蕃"的规律，并开始有意识地在性关系方面奉行族外婚的原则。"同姓不婚，恶不殖也。"(《国语·晋语》)南宋郑樵所说的"姓所以别婚姻"，就是对此的总结。

随着社会生活的进步，人口的繁衍，活动区域的扩展，原有的氏族必然发生分化，产生出数量越来越多的新的氏族，一个姓分化出若干个氏。与此同时，由于产业结构的变化，男子在社会生活中地位的上升，特别是对偶婚制的实行，导致母系社会过渡到父系社会不仅必须，而且可能。原本由母系计算的血缘关系，于是转换为由父系计算。这样一来，由姓分化出的氏，便成为以男性为中心的新的氏族的公名。因此，历史传说中的黄帝称轩辕氏，炎帝称烈山氏，尧称陶唐氏，舜称有虞氏，也就不是氏族领袖人物个人的私名，而是他们所在的氏族的公名。此后的周代，天子分封有德的人为诸侯，根据他们始祖的起源赐姓，再赏赐土地、人民作为封地而命氏，这就是《左传·隐公八年》记载的："天子建德，因生以赐姓，胙之土而命之氏。"周王室本为姬姓，被分封的各国诸侯与周天子同为姬姓后裔，但他们各自封国的名称，如鲁、晋、郑、吴、蔡、魏等，又成为他们及其后裔的氏。这里特别要说明的是，在周代，只有贵族才有姓氏，平民是没有姓氏的。在当时，"百姓"的含义并非指一般民众，而是指贵族，与我们今天讲的平头百姓不是一回事。郑樵所说的"氏所以别贵贱"就是对此而言的。

由姓分化出的氏，根据什么来定称呼呢？汉代应劭的《风俗通·姓氏》归纳出9种类别：氏于号、氏于居、氏于事、氏于谥、氏于爵、氏于国、氏于官、氏于字、氏于职。南宋郑樵的《通志·氏族略序》不厌其烦地细分为32类不同情况。其中比较重要的有：

1. 国名为氏

周文王的儿子管叔鲜封于管国，周武王的儿子唐叔虞封于晋国，于是前者成了管氏的始祖，后者成了晋氏的始祖。与此同类的以周王室同姓（姬姓）封国的国名为氏的还有：鲁、卫、蔡、曹、滕、燕、郑、韩、何、虢、滑、雍、酆、邢、随、胡、巴等48氏。与此不同，以周王室异姓（非姬姓，如姜姓、子姓）封国的国名为氏的有：齐、楚、宋、荆、陈、赵、朱、郐、息、邓、梁、薛、徐、罗、申、章、葛等60氏。

2. 以采邑为氏

与周王室分封诸侯相仿，诸侯又赐给从属于自己的卿、大夫可以世袭的田邑，这些卿、大夫便以田邑之名为氏，如刘、白、京、棠、崔、卢、鲍、费、蒯、范等。

3. 以地为氏

有的氏族迁徙到新的居住地后，便以所居之地为氏。齐国的陈仲子本为世家，后来他辞去爵位，灌园于于陵。他的后裔便以"于陵"为氏。郑大夫子产居住在东里，其子孙于是以"东里"为氏。属于此类的氏有城、池、涂、关、东郭、南宫、西闾、北丘、百里等。

4. 以祖父的字或名为氏

周代的制度规定，诸侯国君的玄孙不得再称公孙，而应以其祖父（即国君之子）的字为氏，施、游、孔、颜、董、袁等氏即属此类。如果其祖父没有字，那就用他的名为氏，这一类的氏有金、少、汤、童、展、苟、庆父、高阳，等等。

5. 以排行次第为氏

古时兄弟姊妹的排行常常以伯（或孟）、仲、叔、季为长幼之序。商代孤竹国的国君姓墨胎，

图1-3 宋代李唐《采薇图》
北京故宫博物院藏

名元。他排行老大,死后得谥为夷,所以又被称作伯夷。伯夷曾与弟弟叔齐一道劝阻武王伐纣【图1-3】。武王灭商,得了天下,兄弟俩耻于吃周朝的粮食,便跑到首阳山躲起来,最后饿死在那里。伯夷死后,他的后代便以其排行的"伯"作为自己的氏。同样的道理,春秋时卫国大夫仲叔于奚的后代用"仲叔"作为自己的氏。

6. 以官爵为氏

封官晋爵是很值得引以为荣耀的,所以后人便把官爵的称呼拿来作为氏。属于此类的氏有史、帅、宗、军、库、司徒、司马、司空、王、公、霸、侯,等等。

7. 以技艺为氏

有些从事某一专门技艺的家族,干脆以自己的职业为氏,像算卦的氏卜,杀猪宰羊的氏屠,制作瓶瓶罐罐的氏甄,唱戏的氏优(古时称唱戏艺人为倡优、优伶),等等。

8. 以德行为氏

晋国赵衰跟随公子重耳(即后来的晋文公),颠沛流离十九年,终于辅佐重耳回国登位。赵衰不仅对公子重耳,而且对一般人也像冬天的太阳一样温暖,于是他的后裔就以"冬日"为氏。少正卯在鲁国很有些名声,被孔子的门人称作"鲁之闻人",他的后代因此以"闻人"为氏。汉代的淮南王英布,年轻时犯罪,被处以脸上刺字的刑罚，这在当时叫作黥刑。他的后代不仅不忌讳这一点，反而以"黥"为氏。

在众多的命氏方式中，哪些是最重要的呢？有研究者根据《左传》内出现的氏名分析，认为《左传·隐公八年》所载："天子建德，因生以赐姓，胙之土而命之氏。诸侯以字为谥，因以为族。官有世功，则有官族；邑亦如之。"这一段话里列出的氏于国、氏于字、氏于官、氏于邑四种，是最主要的。①

由于宗法制度的存在，直到春秋末年，姓与氏的区别还是非常严格的。进入战国时代，社会动荡，"礼崩乐坏"，周王室的实力与威望江河日下，宗法社会里封邦建国、世卿世禄的制度难以为继。"君子之泽，五世而斩"，昔日的公子王孙，不少已沦落为平民。与此相应，以国、以邑为氏作为"别贵贱"、显门第的标志，也就失去了现实的依据。公元前 221 年，秦始皇统一中国，推行郡县制，最终以阶级地缘政治取代氏族血缘政治，姓与氏的区别不再有任何意义。到了司马迁生活的时代，姓即氏、氏即姓的观念已经相当普遍。所以，司马迁在《史记》里屡屡说出孔子"姓孔氏"、汉高祖"姓刘氏"这样的话来。如果有人据此误认并嘲笑司马迁竟然搞不清姓与氏的区别，那才真叫妄作解人，贻笑大方了。

关于"姓从何来"的问题，另一种理解是

---

① 严军：《左传姓氏相关问题的探索》，《浙江学刊》1994 年第 4 期。

姓名

追寻每一个具体的姓氏的来由。这也是目前社会上流传的许多关于姓名问题的出版物关注的"热点"之一。需要提醒读者的是,由于历史演化的漫长,社会变迁的剧烈,以及许多人们无法预料的偶然因素,要想准确地确定今天我们每一个人的姓源于何时何地,是非常困难的。实际上,在众多的此类出版物中,对同一个姓氏的来由,往往是言人人殊,令人无所适从。所以,读者在阅读这一类书籍时,应抱着"尽信书不如无书"的态度,不要盲目信从。

第二节　姓氏分合

从大的趋势上看，姓与氏经历了一个由分立到合一的发展变化过程。①

一　西周、春秋时代，姓与氏的分立

西周时代，姓的数量不超过50个。作为原始氏族之名的姓，此时已不再代表任何实体，而是仅作为人们对自己祖先所出氏族的一种追认。这时天子赐姓的制度，使贵族独占氏族名称使用权的现象合法化，但并未增加新的姓。在周代，"同姓不婚"的礼制实行得很严格。因此，确定婚姻关系之前，"男女辨姓"成为必要的程序。为了辨姓的便利，人们常将姓加在女子的称谓里，"妇人称国及姓"，与此形成对比的则是"男人称氏"。氏标志着男子的身份地位，在西周宗法等级社会里，这一点是忽略不得的。

氏出现于史前。"五帝之前无帝号，有国者

① 本节以下叙述，主要参考阎晓君：《论姓氏合一》，《寻根》1998年第3期，第9—13页。

不称国，惟以名为氏。"（南宋郑樵《通志·氏族略序》）大约在夏代，表示部落的氏逐渐消亡，而表示贵族宗族组织的氏开始出现，到了西周，表示部落的氏完全绝迹。也正是因为如此，我们今天的姓大多只能追溯到西周表示家族组织的氏。

西周时代，姓、氏并存。一个姓即表示一个大宗族，表示一个父系继嗣群。这个父系继嗣群的分支，则以氏相称。周天子为姬姓，是当时天下的大宗，下属各个姬姓小宗，分别称鲁氏、卫氏、晋氏等。就此而论，姓与氏的关系，是统属和分支的关系。所以，"姓可以呼氏，氏不可以呼姓"（南宋郑樵《通志·氏族略序》），"氏一再传而可变，姓千万年而不变"（清顾炎武《日知录》卷二十三《氏族》）。

西周是氏的数量大发展的时期。西周王室通过分封制度来建立和巩固自己的统治，每一次分封诸侯，既封土授民，又赐爵命氏。于是，新的氏便源源不断地产生出来。如：武王追思先圣王，乃褒封神农之后于焦，黄帝之后于祝，帝尧之后于蓟，帝舜之后于陈，大禹之后于杞。于是封功臣谋士，而师尚父为首封。封尚父【图1-4】于营丘，曰齐。封弟周公旦于曲阜，曰鲁。（西汉司马迁《史记·周本纪》）这些诸侯都以所封之国为氏。

图1-4 姜子牙

与天子分封诸侯的模式相同,诸侯在自己的管辖范围内,又分立卿大夫,同样是分给他们土地、人民。这又产生出许多的氏。"诸侯赐卿大夫以氏,若同姓,公之子曰公子,公子之子曰公孙,公子之子其亲已远,不得上连于公,故以王父字为氏。……若异姓,则以父祖官所食邑为氏。"(《礼记大传正义》)而且,从这些氏中,往往又分蘖出新的氏,如鲁国的孟孙氏分出子服氏、南宫氏;叔孙氏分出叔仲氏;季孙氏分出公父氏;东门氏分出子家氏;晋国魏氏分出令狐氏、吕氏;荀氏分出知氏、程氏;知氏又分出辅氏等。①

卿大夫无权分封其下属,但是随着其所在之氏族规模的不断扩大,"卿置侧室,大夫有贰宗"(《左传·桓公二年》)的现象不可避免。这时,便通过"别族"的方式,让"侧室"和"贰宗"另立为氏。"别族"是家族行为,但是须报告官方,求得认可。

西周时代,姓与氏同时并立,其主要区别是:"氏与西周奴隶制宗法制的联系更直接、紧密一些。姓代表早已解体的原始氏族,而且不再分化,数量有限;氏代表西周现实存在的各种等级的贵族宗族,并因宗族的不断分封与别族而不断增加。姓在西周依男性世系为所有直系平等地继承;氏则依男性世系为嫡系而非所有直系继承。"②

春秋时代,分封宗法制逐渐崩坏,姓、氏

---

① 谢维扬:《周代家庭形态》,北京:中国社会科学出版社,1990年,第163页。
② 阎晓君:《论姓氏合一》,《寻根》1998年第3期,第9—13页。

 姓名

制度也随之发生带有实质意义的变化。在姓方面，宗法制下同姓之间建立在血缘关系上的亲密联系开始发生疏离，各诸侯国处理相互关系时，不再将是否同姓放在考虑的首位。因为政治、经济等利益冲突，同姓相斗甚至相灭的情况多有出现。在处理婚姻关系时，"同姓不婚"的禁忌也被屡屡突破，《左传》里有许多此类记载。当然，这时虽然一般意义上的"同姓不婚"被突破，但是同宗近亲间的婚配仍被严格禁止。"同宗不婚"替代"同姓不婚"，延续着必要的伦理传统，这是姓、氏合一的契机之一。

在氏方面，由于各诸侯国人口的繁衍是必然的趋势，"诸侯立家"以及卿大夫的"侧室""贰宗"的"别族"行为的持续进行，导致氏的数量有增无减，以致到了难以区分的程度。为了避免氏的雷同，春秋中期以后，出现了大量的"复氏"，如孔子弟子中的端木、南宫、漆雕、左人、奚容……《孟子》中的公明、公输、淳于、咸丘、公仪……甚至《庄子》中的寓言人物也多复氏，如亢仓、庚桑等。氏区别宗族关系亲疏、贵贱的功能大大降低，这是姓、氏合一的契机之二。

本来，在严格的宗法制度下，诸侯、卿大夫等贵族等级才有氏，而庶民和奴隶是没有氏的。但是，在"礼崩乐坏"的社会大变动下，既非赐命又非别族的庶民和奴隶"自立氏"的现象屡见

不鲜，王室和官府对此也无可奈何。这是姓、氏合一的契机之三。①

二 战国至西汉，姓、氏逐渐合一，并形成定制

经过春秋时代的世事动荡，姓、氏区别的社会依据和心理依据都发生了根本性的动摇。"有的大家大族衰落了，而那些小家小族反而兴旺发达起来。因此人们对姓、氏的区别已不那么讲究，所以姓与氏开始慢慢地合流为一，甚至改换姓氏的现象也出现了。"②姓、氏合流为一以后，为了辨别身份，防止同姓通婚的男称氏、女称姓的习俗自然消亡。而且，同姓大家族无论人口、房头如何发展，都不再在姓内分氏。以楚国屈氏姓氏为例：春秋时代，屈氏十世，从中别出邢、乘两个宗族。而战国时代，屈氏八世，却没有新的"别族"现象出现。姓氏依男性世系为所有子女继承，不再有嫡庶的区别。

秦统一中国，为巩固统治，在全国范围内建立户籍制度。新的姓氏制度因此而得到法律的认可和强化。许多原本没有姓氏的庶人家庭、家族拥有了自己的姓氏。另一方面，郡县制完全取代了分封制，也就从根本上断绝了因分封而产生新氏的可能。各个宗族日益趋向独立、稳定。尽管小的变动不可避免，但是氏的数量再也不会像以前那样持续增长了。正如钱大昕所论：

① 阎晓君：《论姓氏合一》，《寻根》1998年第3期，第9—13页。
② 俞樟华：《史记与古代姓氏》，《人文杂志》1991年第1期，第80—85页。

战国分争，氏族之学，久废不讲。秦灭六雄，废封建，虽公族亦无议贵之律，匹夫编户，知有氏不知有姓久矣。汉高帝起于布衣，太公以上，名字且无可考，况能知其族姓所出耶？故项伯、娄敬，赐姓刘氏，娥姁为皇后，亦不言何姓。以氏为姓，遂为一代之制，而后世莫能改焉。（《十驾斋养新录》卷十二《姓氏》）

如前所述，古已有之的姓本来数量很少，秦汉时代人们使用的姓，绝大多数都是由先前的氏转化而来，所以钱大昕说："以氏为姓，遂为一代之制"。"至于上古沿用下来的姓，此时仍被个别宗族采用成为新型的姓，尽管其得姓的渊源可以追溯到夏殷时代，但实际上已经变成新姓氏制度中的符号了"。① 这个时期的"百姓"一词，其含义也由春秋时代实指"百官有姓"之义，转化为指代一般民众："百姓，谓天下之人，皆有族姓。言百，举其多也。"（《孝经·天子章》注疏）

从总的格局上看，战国时代开端、西汉之时形成的姓氏合一制度一直延续至今，没有发生实质性的改变。但是，社会的发展毕竟会给姓氏问题带来种种影响，并使之产生一些阶段性的特点。马雍先生认为，就姓氏的社会意义的变化而言，姓氏制度可分为四个阶段。②

①朱积孝：《论姓氏制度的渊源及其演变过程》，《河北师范大学学报》1988年第3期，第78—82页。
②马雍：《中国姓氏制度的沿革》，《中国文化研究集刊》第二辑，上海：复旦大学出版社，1985年，第173—176页。

第一阶段，从战国到西汉末年。

这个阶段，新的姓氏制度刚形成，旧姓氏制度的残余依然存在。秦王族本身的嬴姓，溯源于夏代伯益之后，就是旧制度留下的尾巴。西汉时，对于一般人的姓氏已不再用老眼光看待，但对于皇家姓氏，仍不免怀有"因生以赐姓"、血统高贵的想法。其表现便是将皇姓刘氏与上古圣人拉上关系。《左传·文公十三年》记载，晋大夫士会的祖先出于尧，其家族中有人留在秦国，"其处者为刘氏"。汉人抓住这一条做文章，于是，汉皇室便也成了尧的后代。同样，王莽建立新朝，为了证明自己有做皇帝的血统，也想方设法将王氏说成舜的后裔。这种现象表明，旧的姓氏观念仍残存在人们的意识里。

第二阶段，从东汉到唐中期。

这个阶段的特征是门阀制的盛行，姓氏有了高低贵贱的区别。姓氏与地域产生了固定的关联，由此出现了国姓、郡姓、州姓、县姓等不同的姓氏等级。少数门阀士族在社会上的势力和影响，连皇族都无法与之抗衡。谱牒之学大行其道，人们不再热衷于将自己的姓氏与上古的某位圣人扯上关系，而只要与两汉的某一名流攀上血缘，就心满意足了。所以，曹魏皇室只追源于汉相曹参，刘宋皇室只追源于汉楚元王刘交，隋皇室只追源于东汉太尉杨震，唐皇室只追源于西

汉名将李广（也有上溯至老子李耳的）。这表明，旧的姓氏制度在人们意识中的存留已消失殆尽。

第三阶段，从唐代安史之乱到19世纪末20世纪初。

经过安史之乱的冲击，门阀制度完全崩溃。与此同时，科举选士制度的完善，使得个人社会地位和发展前途的关键因素，由出身门第转变为考试成绩。姓氏的高低贵贱区别逐渐淡化。其尤具象征意义的事件是唐代编撰的《元和姓纂》，各姓氏依声韵排列，不再有等级、地位的区分。姓氏仅仅作为家族的符号发挥它的社会功能。祖先留下的姓氏不得随意更改、同姓同宗之间不得通婚等习俗依然被保留下来。

第四阶段，从20世纪初直到今天。

中国进入近代社会，民主、科学的观念日益深入人心。传统家族制度解体，男女平等思想逐渐普及，以夫妻关系为核心的小家庭成为社会的基本单元。姓氏的重要性、神圣性越来越受到挑战，"同姓不婚"的禁忌完全被打破，甚至同姓同宗的男女婚姻，只要出了一定的亲等范围，也受到法律的保护。人们对于姓氏有了更多的选择自由。姓氏的社会意义，向个人符号的方向倾斜，而日益疏离与家庭、血缘、亲情的联系。从这个意义上讲，姓、氏合一成为一种趋势。

第三节　姓的改动

　　特别讲究血缘关系和宗祖情结，是中国文化的传统。其表现之一就是人们对于自己及家族的姓氏，抱有近乎神圣的感情。坚持自己的姓，意味着捍卫声誉和尊严，它往往是勇气和责任心的综合体现。有的人习惯以"行不改名，坐不更姓"来表示对自己的行为负责，还有的人动辄以"如果如何如何，我就不姓什么"来赌咒发誓，以此让人们相信他没有撒谎。由此可见，在中国人的观念中，姓是随便改动不得的。如张中行先生所论：

　　何以不更名、不改姓就英雄，就强？理之浅者是犯了法，逃，要更名改姓，以求躲避画影图形的捉拿，好汉子敢作敢当，不逃，也就不必更名改姓。还有理之深者，更名改姓是出于不得已，不得已才改是因为

 姓名

舍不得。名姓，有如牌号，叫白兰地，叫红塔山，本来无所谓，可是一加诸身就舍不得，说明所以然就难了。①

但是，凡事皆有例外。在某些特殊的情形下，改姓又是必须的。有时，改姓是为了家族的生存，因而它伴随着刻骨铭心的无奈和屈辱；有时，改姓却意味着无上的荣耀，令个人和整个家族欣喜若狂。历史老人就是这样变幻无常地导演出一幕幕令人眼花缭乱的悲喜剧。

中国古代历史上，因为躲避灾祸而改姓的事实，史籍多有载录。南宋郑樵所著《通志·氏族略》中，就有"伍"改为"五"、"巴"改为"杷"、"仇"改为"求"、"谭"改为"覃"、"滕"改为"腾"、"楼"改为"盖"、"薛"改为"薜"等数十例。公元前375年，郑被韩所灭，郑国本姬姓，灭国后，宗室流落到陈、宋间，便以原来的国名"郑"作为姓。140余年后，韩又被秦所灭，姬姓亡国之君的后代散居于江、淮一带，这里的方言将"韩"读为"何"，于是他们便以"何"为姓。公元前286年，宋被齐所灭，宋宗室本为子姓，从此将亡国之号"宋"作为姓氏。六十五年以后，齐也被秦所灭。齐宗室田氏，被迫改姓，从其先祖齐襄王的名字法章中取出一"法"字作为姓氏。三国时刘备的谋士、后任尚书令的法正，就是法氏后裔。五代十国时的

① 张中行：《桑榆自语》，北京：人民日报出版社，1996年，第328页。

图1-5 司马迁

南唐后主李煜，词写得漂亮，皇帝却当得窝囊，轻而易举地丢掉了先祖打下的江山，不仅自己"日以泪洗面"，而且殃及子孙。宋军灭南唐后，继续搜捕亡国宗室。李煜之孙、第八子邓王李从镒之子李天和侥幸脱逃，隐匿民间，改以其父的封号"邓"为姓。今湖南安化的邓姓，据说就是由此而来。

　　以上说的是亡国之后，前朝宗室因避险而改姓的例证。此处因为开罪了当朝权贵，不得不改姓以自保的故事，历史上也多有发生。公元前98年，司马迁【图1-5】因李陵降匈奴事下狱，惨遭宫刑。他的两个儿子司马临、司马观被迫改姓，以免受株连。哥哥在"马"字边加两点，改姓"冯"；弟弟在"司"字边加一竖，改姓"同"。冯、同二姓至今仍居住在司马氏的故里陕西韩城县，他们祭奠同一个祖先，相互之间禁止通婚，以避免实质上的"同姓不蕃"。无独有偶，司马迁的外孙杨恽，博学多识。宣帝时，任左曹，因告发霍氏谋反有功，任中郎将，又封平通侯，后被免为庶人。他在给友人孙会宗的信中表示了对此的不满，就被认为大逆不道，遭腰斩之刑。杨恽的儿子为了逃避朝廷的追究和仇人的报复，改用其父的名字"恽"为姓。汉初，淮阴侯韩信与人密谋，预乘刘邦领兵在外，里应外合，篡夺天下。吕后察觉阴谋，诱捕韩信，将其斩于长乐宫内，并且下令灭其父母、兄弟、妻子三族。韩信之子逃至南粤，隐姓埋名，取"韩"

字的一半"韦"为姓,隐匿民间,才得以苟免。明人方孝孺,惠帝时官侍讲学士。1399年,燕王朱棣起兵"靖难",攻破南京。方孝孺视此举为篡位,拒绝替朱棣起草登基诏书,被处死。朱棣还不解恨,又命令诛灭其十族(由本人上推至四世高祖,下延及四世玄孙,为九族,再加上学生,为十族),死难者870余人。幸免于难的方姓族人逃离故乡,改姓为"施",其意"方人也",以此延续血脉,继承宗亲。

中国历史上发生过许多次农民起义和农民战争。激烈、残酷的社会矛盾冲突,必然波及人们生活的方方面面,因此而被迫改姓的事,也常有发生。晚清时,左宗棠镇压太平天国起义。在嘉应州,"尽捕附和粤寇之嫌疑者杀之"。为逃避杀身之祸,居住在丙村的东王杨秀清支族的数万人,"乃尽易杨姓,以木字易杨旁,悉为林姓"。于是,人们称"土著之林者为旧林,由杨改姓者为新林"。①

历史上还有一类改姓现象,虽然不是因为避险逃祸,但对于改姓家族来说,也完全不是自觉自愿,而是被迫之举。这就是为了避讳而改姓。早在春秋时代,为尊者讳就已成为一种规矩。宋武公名司空,于是司空氏只得改成司功氏;晋僖侯名司徒,于是司徒氏也不得不改成司城氏。到了秦汉以后,避讳更成定制。西楚霸王项羽名籍,籍姓被迫改姓为席。战国末年的大思想家荀子,

① 徐珂:《清稗类钞》第五册,北京:中华书局,1984年,第2143页。

名况,字卿,人称荀卿。可是,汉人却称他孙卿,这是因为汉宣帝叫刘询。与"询"同音的"荀"姓要避帝名之讳,于是改姓为孙。晋景帝司马师登基,天下姓师的都只好改姓为缺一笔画的"帅"。后晋高祖姓石名敬瑭,敬姓于是不得不一分为二,或姓左半边的"苟",或姓右半边的"文"。北宋名臣文彦博的家族便是因为这一变故,从其曾祖父那一辈起,由敬姓改成文姓的。短命的后晋王朝只存在了十年,便被后汉取而代之。后汉的两个皇帝,一个叫刘知远,一个叫刘承佑,都与敬字无涉,文姓才得以恢复原来的敬姓。可惜好景不长,只过了十年,赵匡胤黄袍加身,做了北宋开国皇帝,他的祖父叫赵敬,敬姓又被迫再一次改姓文。为了避讳,将成千上万人的姓氏如此改来改去,实在令人哭笑不得。

  与以上所说伴随着惊恐或无奈而被迫改姓的惶惑心态大相径庭的是,另一类改姓使人欢欣鼓舞,感激涕零。这就是皇帝恩赏赐姓。皇帝对有功之臣一般都要赐给官爵、金钱、土地、奴婢等,这些统统属于我们今天讲的物质奖励;而赐予新的姓氏,尤其是赐予皇帝同姓,大约可被认为是最高等级的精神奖励了。刘邦在夺取天下的过程中,得到一大批足智多谋之士的辅佐【图1-6】。与萧何、张良、陆贾、韩信等人相比,娄敬投奔刘邦的时间最晚。在楚汉战争结束、刘邦已定都洛阳之

图 1-6 明代刘俊《汉殿论功图》
美国大都会艺术博物馆藏

后，娄敬才来到刘邦身边。但他提出的迁都长安并将六国豪强随之迁往关中的建议，对汉朝稳固立国根基、减少内乱、巩固统治秩序意义极为重大。刘邦对此非常赞赏，因而特别恩赐娄敬姓刘，与皇族同姓。这是开国元勋萧何、张良等人都不曾得到的荣耀。明清之际的民族英雄郑成功，出生于日本平户，七岁时归国。1645年，他回到故乡福建。其时南明唐王朱聿键建都福州，建元隆武。郑成功随父亲郑芝龙晋见隆武帝。隆武帝见其少年英俊，十分喜爱，便赐郑成功姓朱。从此，郑成功便被人们称为"国姓爷"。比郑成功早200多年的另一位大名人，率领当时世界最大船队七下西洋的三宝太监郑和，也享有皇帝赐姓的荣耀。郑和是云南昆阳人，回族，本姓马，1385年到北平，入燕王朱棣藩邸。因协助朱棣"清君侧"，夺得帝位有功，受赐姓郑，始名郑和。当然，这与郑成功被赐予皇帝同姓，其荣耀程度显然要低一个档次了。

任何举措都可以产生正反两面的效用。皇帝给臣属改姓，也是如此，它既可以表示极度的褒奖，也可以体现严厉的惩罚。武则天篡夺李唐的江山，理所当然地遭到皇族诸王的拼死反对。得到天下之后，武则天立即运用皇帝的绝对权威，将反对、得罪自己的人一一改成意义丑恶凶险的怪姓，以此泄愤报复。她下令将起兵讨伐过她的越王李贞、

琅琊王李冲等人改姓为虺（意为一种毒蛇）。对曾与自己争宠于高宗李治的妾萧良娣，更刻毒地改其姓为枭（砍下头颅、高悬示众之意）。即便是对自己家族中人，武则天也毫不容情。她废自己的第三个儿子中宗李显为庐陵王，并将中宗皇后王氏改姓为蟒。对于几十年前（其时武则天尚未入宫，只是个十几岁的小姑娘）曾对自己有过不恭的言辞的叔伯兄弟武惟良、武怀远，武则天竟然也将他们改成姓"蝮"（蝮也是一种毒蛇的名称）。

因为厌恶，武则天给人改姓。同样因为厌恶，也有人给自己改姓。明代福建有一个姓魏的读书人，因为愤恨宦官魏忠贤的种种恶行，进而为自己与他同姓感到羞耻，毅然给自己改了姓。

> 闽中有士人魏姓者，佚其名，愤魏阉恣擅，耻己与之同姓，乃去"鬼"称"委"。彼有俨然朝绅而称祖爷，称殿爷，与夫称功颂德、雷同附和者，闻此直当羞死耳。（郑仲夔：《耳新》卷二）

"士人魏姓者"的举动，虽然不能损魏忠贤的一根汗毛，但毕竟表现了是非公道在于人心，表现了正直士人的良知和骨气。张中行先生在看到这一则历史资料后，"一阵发神经"，想到因为张献忠几乎把四川人杀光了，自己是不是要学闽中魏姓者,去"长"称"弓"呢?结论是:张献忠之外,历史上还有许多姓张的"好"人,例如从皇帝的屠刀下救了一千多条人命的后唐的张居翰,因此,"我可以装作只想到张居翰而未想到张献忠,因而也就可以仍旧保持'坐不改姓'"。①

在中国的民族关系史上,少数民族汉化是基本趋势之一。汉化,即学习汉族先进的生产方式和生活方式,其中也包括在姓氏方面,摒弃原来使用的少数民族姓氏,采用汉族姓氏。

公元493年(北魏太和十七年),孝文帝拓跋宏推行鲜卑族汉化运动,下令禁胡服胡语,推广汉族语言和服装,大力提倡胡汉通婚。为与这些措施相配合,拓跋宏还下令将鲜卑族的传统姓氏改为汉姓。他率先垂范,改拓跋姓为元姓,自称元宏。与此同例,叱李改姓李,叱干改姓薛,叱卢改姓祝,叱利改姓利,达奚改姓奚,丘穆陵改姓穆,步六孤改姓陆,贺赖改姓贺,独孤改姓刘,贺楼改姓楼,勿忸于改姓于,纥奚改姓嵇,尉迟改姓尉。据《魏书》记载,当时鲜卑贵族改成汉姓的,数量超过一百。孝文帝包括改汉姓在内的一系列改革,加快了鲜卑族学习汉族先进文化的步伐,推动了社会经济的发展,促进了北方少数民族与汉族之间的文化交流和民族融合,具有重大的历史意义。正如一切改革都会出现阻力和反复一样,孝文帝改姓的决定在当时及他死后,都

①张中行:《桑榆自语》,北京:人民出版社,1996年,第329页。

 姓名

遭到顽强的反对。公元554年，把持西魏朝政的宇文泰命令，鲜卑人采用汉字单姓的，一律恢复鲜卑族原来的复姓，而皇族也由元氏改回拓跋氏。而府兵中的所有士卒，都要改从主将的鲜卑姓氏。二十年后，北周丞相杨坚又回复到北魏孝文帝的思路上来，下令西魏时期改为鲜卑姓氏的文武百官，再度改成汉族的单字姓氏。

中国历史上多次发生少数民族入主中原的情形。在政治和军事方面，少数民族是征服者，但是在文化上，他们却总是处于"征服者被征服"的地位。蒙古族统治的元朝，有不少蒙古、色目人取用了汉族姓名，当时的女真人也多改汉姓。据陶宗仪《辍耕录》记载："金人姓氏，完颜，汉姓曰王，乌古论曰商，乞石烈曰高，徒单曰杜，女奚烈曰郎，兀颜曰朱，蒲察曰李，颜盏曰张，温迪罕曰温，石抹曰萧，奥屯曰曹，孛术鲁曰鲁，移剌曰刘，斡勒曰石，纳剌曰康，夹谷曰仝，裴满曰麻，尼忙古曰鱼，斛准曰赵，阿典曰雷，阿里侃曰何，温敦曰空，吾鲁曰惠，抹颜曰孟，都烈曰强，散答曰骆，阿不哈曰田，乌林答曰蔡，仆散曰林，求虎曰董，古里甲曰汪。"从以上例证可看出，少数民族改用汉姓，一般并无多少规律性可言。这也反过来说明，要想根据今天的姓氏去追溯其各自源头，有多么困难。

第四节　单姓复姓

中国人的姓氏以一个字的姓居多,例如《百家姓》开篇的赵、钱、孙、李、周、吴、郑、王,人人习见,不以为怪。另一方面,两个字的姓也常可遇见。一个字的姓叫单姓,两个字的姓叫复姓。比较宽泛的说法把三字姓、四字姓也叫作复姓。不过三字姓、四字姓绝大多数是由少数民族姓氏译成汉字而来,情况更特殊,这里不做讨论。

从历史上看,单姓和复姓共存的时间很长,直到现在仍然如此。不过,基本趋势是两者的数量此消彼长,复姓所占比例越来越小。当年孔子的72位弟子中,复姓者竟然有23人:端木、颛孙、澹台、公冶、南宫、公晳、漆雕、公伯、司马、公西、巫马、公孙、公祖、公良、公夏、壤驷、奚容、公肩、句井、罕父、左人、步叔、叔仲,所占比例为32%。东汉时代的《风俗通·姓氏篇》

收录了约600个当时常见的姓氏,其中复姓有150多个,占了四分之一。在宋代的《百家姓》所收的438个姓中,复姓有30个;在《续百家姓》所收的596个姓中,复姓有76个,两相合计,复姓约占10%。有人统计,现今汉民族广泛使用的3000多个姓氏中,复姓只有250多个,约占8%。

复姓减少的原因,从根本上讲,是因为复姓不如单姓简洁明快。为了使用的方便,不少复姓主动简略成单姓。如卢蒲简为卢,即墨简为即,毋邱简为毋,马服简为马,钟离简为钟,荣伯简为荣,古成简为古,褚师简为师,欧阳简为欧,司马简为司,澹台简为台,公羊简为公,宗政简为宗,慕容简为慕,等等。其中具体的缘由当然各有不同,有的是以官职为复姓者,因为失官而改为单姓,如秦灭卫国,卫国的司寇氏于是改为寇氏;有的是以邑为复氏的,失邑而改氏,闻丘氏就是因此而改成闻氏的。

既有趣味又有学术研究意义的是,有的历史人物究竟属不属复姓,很有探讨的必要。例如,春秋时代大史家、解释孔子《春秋》的左丘明,到底是不是复姓,就有多种说法。

一是认为姓左。此说出自《汉书·刘歆传》:"《春秋》,左氏丘明所修。"又唐代《元和姓纂》载:"左氏,齐公族,有左右公子,因以为氏,鲁有左丘明。"郑樵《通志·氏族略》也说:"左姓,丘明名。"

二是认为姓丘。宋代《广韵》卷二"由"部所录"丘"字条下有关于丘氏的记载:"齐太公封于营丘,支孙以地为氏。"俞正燮《癸巳类稿》也认为姓丘名明,之所以称其书为《左氏传》,是因丘明为左史,故以官称之。

三是认为姓左丘。《史记·太史公自序》称:"左丘失明,厥有《国语》。"既姓左丘,为什么不称其书曰《左丘氏传》?朱彝尊《经义考》解释是:"因孔门弟子避夫子讳之故。"

近年来,有研究者补充说明左丘明实以左为姓氏的理由,一是《韩非子》、内外《储说》两篇中"左氏"地名的记载,提供了"左"姓说更早、更权威的证据。这个左氏,正是左丘明父子的埋葬之地。而且,宋、明石碑及口碑资料都表明,地名"左氏"之称又缘于左丘明埋葬于此。二是左丘明为鲁太史,太史亦称左史。依以官为氏的一般规律,既为左史之官,故得左氏,顺理成章。为什么认定以官为氏而非以地为氏?一个根据是,郑樵《通志·氏族略》"以地为氏"条下列出狐丘、陶丘、楚丘、安丘等二十八丘;"以邑为氏"条下又列出谢丘、瑕丘、吾丘等十一丘,都无"左丘"一氏。另一个依据是《广韵》卷二"丘"字下,列出汉代含有"丘"字的复姓四十四种,独无"左丘"。[①]关于左丘明姓氏的讨论,还可以继续下去。以上一家之说,可供有兴趣的读者参考。

① 谢祥皓:《左丘明姓氏、里籍考》,《孔子研究》1997年第3期,第117—121页。

历史上可以确定的复姓的来历，大致有以下几种情况：

一是以地名为姓。例如，楚庄王的小儿子名子兰，被封为上官大夫。上官，地名，在今河南滑县东南。子兰的后裔世世代代定居在这里，便以"上官"为姓氏。又如欧阳姓，本禹王之后。禹的儿子启建立夏朝，到少康时，封庶子无余于今浙江绍兴，建立越国。公元前306年，越国被楚国所灭，亡国之君无疆的儿子名蹄，受封于乌程（今浙江吴兴）的欧余山之南。古时称山南水北为阳，山北水南为阴，所以蹄又被称为欧阳亭侯，其后遂以欧阳为姓氏。属于此类的还有贺兰（山名）、羊舌（邑名）、百里（邑名）、澹台（湖名）等姓。

二是以官爵为姓。公元前445年，杞国亡于楚，杞简公之弟佗逃到鲁国。鲁悼公因其本为夏王族之后，予以优待，封爵为侯，世称夏侯。以后，佗的子孙就以"夏侯"作为姓。西周开始，朝廷设有司徒、司空、司马的官职。司徒掌管土地和人口，司空掌管工程建筑，司马掌管军政和军赋。这些官职权重位尊，显赫一时，他们的族人引以为荣，便将官职拿来作为姓氏。属于此类的还有太史、司寇、乐正、少正、宗政，等等。

三是以方位为姓。东方之姓，出自上古伏羲氏。按《周易》八卦推算，伏羲氏出于"震"卦，位主东方，于是伏羲后裔的一支，就以"东方"为姓。与此同类的还有北宫、东宫、南门、西门等姓。周文王之后姬括，世代袭为卫国上卿，居住在京都北宫门外，于是以北宫为姓。春秋之时，郑国某大夫居于西门，其后人便姓了"西门"。

四是以血缘关系为姓。夏、商、周三代，禄爵之位分公、侯、伯、子、男五等。公爵居五等之首，荣耀至极，他们的后人，纷纷自称"公孙"，以显血统高贵。所以《广韵》记载："古封公之后，皆自称公孙，故其姓多，非一族也。"

五是以次第为姓。西汉建国后，为剪除地方豪强势力，将齐国田氏诸后迁徙到诸陵，各支依住宅排列次序，分别以第一、第二、第三、第四、第五、第六、第七、第八作为姓氏。

六是以社会影响为姓。春秋时代，鲁国的学者少正卯，聚徒授学，使得"孔子之门三盈三虚"，声名鹊起，世称闻人。他的后裔便拿"闻人"为姓氏。

七是以少数民族的特殊称呼为姓。如赫连、单于、呼延（匈奴族）、拓跋、宇文、慕容、长孙、独孤（鲜卑族），等等。

据记载，历史上存在过的复姓有1700多个。一份调查显示，源自汉族的复姓，目前还在使用的有58个。[①]在58个复姓中，以欧阳姓人数最多，约占全国汉族人口的0.06%。如按汉族人口13亿计算，欧阳姓人数则有78万人。在地域分布上，

---

① 杜若甫：《当今我国的复姓和多字姓》，《寻根》1996年第4期，第12—15页。

欧阳姓人口主要集中在湖南、广东两省。此外，人数较多（约几万人）的复姓还有上官、诸葛、司马、夏侯、端木、司徒、淳于、澹台、轩辕、申屠、令狐等11姓。人数较少（几千到一万人）的复姓有公冶、亓官、东方、司空、西门、南宫、皇甫、鲜于、颛孙、相里、第五、延陵、闻人等13姓。

源自古代少数民族的复姓，存留至今的有19个，其中人数较多的是尉迟、赫连、慕容、宇文、完颜、万俟、呼延等7姓。这7个姓，分布很广，尉迟，见于冀、豫、苏、沪、晋、鄂、赣；赫连，见于晋、豫；慕容，见于粤、湘、鄂、浙、黔；宇文，见于陕、晋、豫、黑、冀；完颜，见于陕、皖、粤；万俟，见于皖、鲁、甘；呼延，见于陕、豫、晋、苏、鄂。这种现象正说明中华民族大家庭里民族融合的广泛和深入。

从历史发展的进程看，复姓的减少是一种基本趋势。但是，进入现代社会以来，随着同名同姓现象的日趋严重，人们在寻求解决问题的对策时，想到了用复姓取代单姓，这不失为办法之一。当然，这里说到的复姓，与历史上长期存在的司马、诸葛等复姓，有所相同，也有所不同。相同的是，都是两个字，不同的是，它没有固定的用字构成，而是由父母双方的姓连缀而成。例如：张王、李陈、邓郭，等等。其实，这种方法古已有之。古代女子出嫁后，将丈夫的姓加在自己的姓之前，称为金王氏、林田氏，等等，实质上形成了一类特殊的复姓，也有人把它称为双姓。双姓并不传给后代，所以不同于一般的复姓。现在港、澳地区，有的女性仍然保持着这一命名方式，婚后将夫姓冠于己姓之前，如1996年底当选为香港特别行政区临时立法会议员的杜叶锡恩、范徐丽泰、林贝聿嘉、周梁淑怡、曹王敏贤、梁刘柔芬。虽然这一方式多少带有历史形成的性别不平等的痕迹，但它也提供了一种思路，即兼取男女双方（或夫妻，或父母）之姓，可以构成变化多端、数量极为庞大的复姓（双姓）种类，从而大大减少姓名相同带来的诸多麻烦。

以原有的两个单姓组合而成的新的复姓，也称为合姓。合姓与上面提到的双姓有质的区别。双姓没有固定的组合，也不传给下一代，而合姓则有固定的组合，代代相继。合姓的产生，一般都有特殊的起因。以"张包"这个合姓为例：张包子俊，集邮家，祖籍安徽歙县，先祖本姓包，包家女子嫁给张家，张家无子，包家便过继男孩给张家。张、包两家多代相互通婚，导致人丁不旺。为了阻止这一趋势，张包子俊的父亲张镜如的高曾祖母立下遗嘱："张包宜兼姓，两姓不再婚。"合姓"张包"由此产生。[①] 又如合姓"陆费"：相传其祖本姓陆，因养于费姓外家，遂改姓陆费。清乾隆年间有进士陆费迟，近代中华书局的创始人陆

[①] 杜若甫：《当今我国的复姓和多字姓》，《寻根》1996年第4期，第12—15页。

图 1-7 陆费逵

费逵【图 1-7】，都是这个家族的后裔。

合姓在江苏宿松、宜兴，湖南攸县、邵阳以及台湾等地较多。如：李段、万刘、王杨（宿松），屈江、马徐、杜纪（宜兴），康刘、萧谭、刘谭（攸县），谢吴、刘艾（邵阳），钱王、范姜、张简、刘胡、翁林（台湾），等等。目前已知合姓的数量在 100 个左右。需要注意的是，合姓与双姓在形式上完全相同，需要具体视姓氏使用者的情况，才能区分开来。

第二章　名号大观

《孟子·尽心下》："姓所同也，名所独也。"与姓相比，名是一个人更个性化的社会符号。所以，人们非常看重自己的名。许许多多的成语，都反映了中国人的这种心理。正面的如名正言顺、名下无虚、名实相符、名满天下、名闻遐迩、名高望重、名遂功成、实至名归、名垂青史；负面的则有名不见经传、名落孙山、无名鼠辈、声名狼藉、身败名裂、臭名昭著，等等。就更个性化的社会符号而论，中国人的名，实际上包括名、字、号等诸种重要的个人"所独"的人名结构要件。

第一节　取名法则

在池莉的小说《太阳出世》中，年轻的主人翁赵胜天和李小兰，为了给他们未出世的孩子取名，"翻旧了一本《新华字典》，取了十个单名，十个双名，十个女孩的名，十个男孩的名"。孩子出生后，李小兰提议叫"朝阳"——自己被缓缓推出产房时，走廊里阳光明媚，正是早上的好时光。"照亮她，温暖她，把她从苦海里拯救出来的，第一个见到成为母亲的她的是朝阳。"而赵胜天却主张叫"贝贝"——女儿"真是一个小宝贝啊"，争论以丈夫的妥协而告终。

无论是父母给孩子取名，还是自己给自己改名，都是完全的个人行为，旁人无权干涉。但是，名是自己的，可名的称呼、使用，却是完全的社会行为，个人无力控制。所以，取名时不仅要考虑表达取名者的意愿（在这方面，赵胜天和李小

兰显然有分歧），同时也必须顾及社会公众对所取之名的感受，遵守约定俗成的法则。(在这方面，李小兰认为"满街都是贝贝，多没意思"；而赵胜天则认为"也有许多人叫朝阳"，而且，"赵朝阳叫起来拗口"。李小兰反驳："拗口才印象深。")

取名的法则，本可见仁见智，不拘一格。早在2700年前的春秋时代，鲁国的大夫申繻，就曾提出过系统的意见。公元前706年(桓公六年)九月丁卯日，鲁桓公的太子诞生。"公问名于申繻"，该怎样为太子命名。申繻回答："名有五：有信，有义，有象，有假，有类。以名生为信，以德命为义，以类命为象，取于物为假，取于父为类。不以国，不以官，不以山川，不以隐疾，不以畜牲，不以器币。周人以讳事神，名终将讳之。故以国则讳名，以官则废职，以山川则废主，以畜牲则废祀，以器币则废礼。"(《左传·桓公六年》)

申繻在这里提出了命名的五种方式和六条规则。五种方式的具体内容是：

有信——"以名生为信"，意思是以出生时的生理特征来命名。晋文公的儿子出生时，屁股上有一块黑斑，于是取名"黑臀"，他就是后来的晋成公。

有义——"以德命为义"，意思是以婴儿相貌所表现出的独特征兆来命名。季历得了儿子，他的父亲太王看出孙子一派福相，非常高兴地说：

"我世当有兴者,其在昌乎?"于是命名为"昌",希望他使周室昌盛。这个姬昌就是后来的周文王。

有象——"以类命为象",意思是以婴儿相貌的特点来命名。孔子【图2-1】出生时,头顶上有一个凹坑,颇像曲阜城郊的尼丘山,所以取

图2-1 孔子

名为"丘"。

有假——"取于物为假",意思是借婴儿出生时发生的事物来命名。孔子喜得贵子,有人送来一条大鲤鱼表示祝贺,于是孔子给儿子取名"鲤",字"伯鱼"。

有类——"取于父为类",意思是根据婴儿出生时与父亲相类似的方面来命名。鲁桓公得子,恰好与自己的生日是同一天,于是取名曰"同"。

六条规则的具体内容是:

不以国——"以国则废名",意思是不可以本国的国名为名,但取他国的国名则不受限。

不以官——"以官则废职",不可以官职之名为名,因为人名有避讳的要求,若以官名为名,那么官名就要改一个称呼,会产生许多麻烦。例如:晋僖侯名司徒,于是只得将司徒的官职改称中军。

不以山川——"以山川则废主",古代有帝王祭祀山川的礼仪。若以祭祀的山川命名,则原来的山名就得更改。

不以隐疾——隐疾病痛,大不吉利,所以不可以之命名。

不以畜牲——"以畜牲则废祀",古代将羊、牛、猪等牲畜用作祭祀时的供礼。如果用羊、牛、猪来命名,那么这些牲畜就再也不能用来祭祀。影响了祭祀,可是得罪皇天先祖的大问题。所以,不要用牲畜来命名。

不以器币——"以器币则废礼",器,指礼器;币,指玉、帛。这些都是祭祀、会盟、朝聘等礼仪活动必需之物。若用它们命名,必然会影响甚至废弃礼仪,所以也应该避免。

申繻的主张是目前所见最早的关于命名法则的系统表述,值得重视。其中有些内容,今天还可沿用,如"有信""有假""不以隐疾";有些则显然已经过时,如"有象""不以山川";还有写实际上已被修正,如"不以畜牲"。今天,以小羊、小鹿等可爱的小动物命名的孩子处处可见;而人们不愿以猪、狗来命名,也绝不是因为考虑什么祭祀的问题,而是太不雅观。

现代人是如何看待取名法则的呢?

1929年秋,许广平即将分娩,鲁迅先生考虑给孩子取名。他认为:一,所取名字应不易与他人重复;二,要寓意于名;三,响亮悦耳,易于传播。孩子出生后,鲁迅说:"因为是上海生的,是个婴儿,就叫他海婴。"[1]我们来看"海婴",也完全符合上面三条标准,可以认为是一个"好名字"。由此看来,鲁迅所提的三条,确实具有参考价值和启迪意义,值得我们借鉴。

名字是个人的符号。如果这个符号与他人重复,就达不到取名的基本目的。使名字在相当程度上失去其功能和意义。古今皆有且如今越来

---

[1] 许广平:《欣慰的纪念》,北京:人民文学出版社,1951年,第154页。

 姓名

越严重的同名问题，就是极有说服力的证明。正是出于这一基本事实，鲁迅将"所取名字应不易与他人重复"放在取名三原则的头一条。

使名字不易与他人重复的办法之一，是在选字的时候多动脑筋，尽量避开华、明、珍、英、丽、红等"超级常用字"。当然，我们也不能走到另一个极端，刻意去搜求那些极为生僻的"怪"字。章太炎先生是近代著名文字学家，认得许许多多的稀奇古怪的字，他给女儿取名为"㠭"。㠭，其实就是古"展"字。《说文解字》的解释是"极巧视之也"。这个名字倒是不会与他人雷同，但是几乎没有人认得。既然不认得，当然也就叫不出来。叫不出来的名字，显然不是"好名字"。电视剧《西游记》中猪八戒的扮演者马德华，原名马芮。有一次他去医院看病，竟然被挂号室、划价取药室、注射室的护士喊为"马内""马丙"甚至"马肉"。实在没有办法，马芮只好改名为"马德华"。

使名字不易与他人重复的办法之二，是在字的搭配上多动脑筋。例如：子方、且初、仰谦、言直，等等，所选的字都很常见，但搭配得不落俗套，所以给人以新意。

鲁迅所论"寓意于名"，是"好名字"的关键所在。如果能开动脑筋，使两三个字的名字里蕴含多方面的、健康的、积极的意义，那就更是高

境界、大手笔了。解放战争时期担任晋绥地委书记、1949年后担任党在科学界领导工作的秦力生，在党的七大以后、新中国诞生之前，给儿子取名为秦晋。秦晋现在已是颇有建树的文学评论家。1996年1月10日，他在《中华读书报》发表一篇题为《名字问题》的文章。文章中说，"秦""晋"这两个字对自己是再恰当不过的了：父亲是山西人，母亲是陕西人。晋是山西，秦在陕西，春秋时秦晋两国世代联姻，因而有"秦晋之好""秦晋之盟"的典故，此其一；原本姓秦，又是山西人，此其二；祖籍在晋，出生在秦地，像一首古诗所写的"云山连晋壤，烟树入秦川"，此其三。"晋"字还有"进"的意思，而且是《易经》六十四卦之一，"象曰：明出地上，晋"。大概父亲当时已经强烈地感觉到，他们为之奋斗的新中国有如一轮朝阳，即将从东方地平线上喷薄而出了。秦晋表示非常敬佩父亲的学识和才能，包括他为自己起的名字。

"秦晋"确实是一个很好的名字。首先，它特别符合主人的家世；其次，它照顾到父、母双方的祖籍，又体现了对他们爱情、婚姻的纪念之意；再次，它有深厚的文化底蕴；最后，它表达了父辈的革命理想与人生追求，具有积极的思想意义。两个字的名字里，竟然容纳了如此丰富的、"正能量"的内容，确是难能可贵的典范之作。

分析上面这个成功的实例，我们大致可以归纳出"寓意于名"的几个要点：

1. 注意在姓与名之间寻求某种联系。这种联系可以是意义上的，例如苗青、高扬、殷切、蔚蓝、严正、路遥、何畏、任意、郁葱、田间、张弓、朱彤、舒怀、马致远、钟鼎文、叶正红、白如霜、王者范、张天翼，等等；也可以是字形上的，例如伊尹、阮元、聂耳、金鑫、石磊、舒舍予、许午言、雷雨田，等等；这种联系还可以是语音上的，例如胡然、袁丁、宗诚、韩笑、韦岸、段炼、程功，等等。

2. 如果有可能，最好使姓名与某一成语产生联系。人们一看到"秦晋"这个名字，马上就会联想到"秦晋之好"这个成语。同样，周而复、何其芳、马道成、龙争虎、陆纯青、叶成荫、万象新、穆成舟、纪犹新、甘为孺、盖无双、丰云会、庄亦谐、戚如虹等名字，也会使人立即联想到某句成语，感到意味深长。

3. 更为高雅的是，以古籍经典里的某一名句作为名字的立意根据，当然这要求取名者具有较高的文化修养和较宽厚的知识储备。《论语·学而》篇记录了孔子的学生曾参的话："吾日三省（读作'醒'，反省之意）吾身，为人谋而不忠乎？与朋友交而不信乎？传不习乎？"这种严以自律的精神，为后人所景仰，所以有人以"省身"为名。《荀子·劝学》："不积跬步，无以至千里。"因而有人取名"积跬"，表示自己追求上进的恒心。李白《梦游天姥吟留别》诗中有"海客谈瀛洲，烟涛微茫信难求"的名句，于是有人以"谈瀛"为名，字"海客"。古今许多名人的名字，都是以典故为依据的。如曹操，字孟德，他的名与字，就同出于《荀子·劝学》："生乎由是，死乎由是，夫是之谓德操。"现当代的不少学者、名流，名字便很典雅。作家、文学史家郑振铎之名，出自《周礼·春官》："司马振铎，群吏作旗。"振铎，即教化民众之意。社会活动家楚图南，其名取自《庄子·逍遥游》"有鸟焉，其名为鹏，背若太山，翼若垂天之云，抟扶摇羊角而上者九万里，绝云气，负青天，然后图南。"图南，在这里是高远志向的意思。美学家王朝闻，原名昭文，后取谐音改为"朝闻"，典出《论语·里仁》："朝闻道，夕死可矣。"

"寓意于名"的方式很多，也不可能有一定之规。但只要我们在取名时开动脑筋，多借鉴，多比较，择善而从，精益求精，就会取得较为满意的成果。

鲁迅认为，"响亮悦耳，易于传播"是取名的要则之三，显然也很有道理。名字是为了给人叫的，既然如此，读音的问题当然很有探讨的必要。取名不仅要追求意义的高雅、隽永，写法的

简洁、明快,而且还要顾及读音响亮与否,悦耳与否,顺口与否。而这后一方面,恰恰最易为人所忽视。例如李立吉、容颂鸿、王广光、朱奋、胡理这些姓名,或者如同绕口令,或者极易引起人们不舒服、不愉快的联想,显然就是考虑不周的结果,而这又是完全可以避免的。

要想取一个好听的名字,单凭感觉当然也不是绝对不行。但是,如果希望进一步搞清楚为什么这样的名字清脆悦耳,那样的名字却拗口难听,其中的道理何在,单凭感觉显然就无能为力了。只有懂得一些汉语音韵学的知识,才能把握其中的奥秘。关于这方面的内容,我们将在本书第三章里讨论。

古往今来,取名的法则通常是约定俗成的。目前,已有人提出以国家法令的方式对之进行规范。在公安机关登记的姓名中,四字姓名已不稀罕,五字姓名也不少见。例如,北京的一个男孩的姓名是"孙藤翘楚同"。孙、藤分别是父母的姓,翘楚是杰出人才的意思,同,表示是父母爱情的结晶。这样的名字给填写准考证、购买民航机票等带来了麻烦,因为在有关软件中,姓名一栏一般只设置了四个汉字的宽度。现在两字、三字姓名的重名现象又愈演愈烈,有人为了避免重复,选用非常生僻的字,或者干脆自造"字"取名。这些都给社会交往造成了种种不便。对此,有识之士提出给姓名立法的问题。1999年11月11日，《钱江晚报》刊载一条消息：语言学家王均研究员认为，制定一部《姓名法》来规范管理全国姓名，刻不容缓。但这显然需要待以时日。而且，即便有了这方面的国家法令，它也只能规定若干政策性的条文，而不可能就具体的用字、读音等内容做出硬性要求。所以，人们取名时的自由度还是相当大的。正因为如此，我们多了解一些约定俗成的法则，从历史文化中吸取智慧，对于为家人、为自己选取一个个人满意、公众欣赏、使用方便的好名字，无疑是大有裨益的。

第二节 名的改动

古往今来，常有人因为种种原因更改自己的名字。原来的名字由长辈选取，由不得本人。而改名之时，长大成人，独立思考，所改之名，更能体现自己的意志，表达自己的思想。

启用新的名字，以表达自己的理想抱负，是改名者的思想动机之一。

明末清初文学批评家金圣叹，原名采，字若采，后改名人瑞，字圣叹。"圣叹"，即"圣人"孔子之"叹"。据《论语·先进》记载，一次，孔子询问学生各人的志向，曾点的回答令孔子大为满意："喟然叹曰：吾与点也！"金若采改字"圣叹"，就是将自己与孔子的得意门生曾点相提并论，坚信自己如果早生两千年，也一定能得到孔圣人的赞叹。由此一端，即可见他恃才傲物的强烈个性。著名画家、美术教育家徐悲鸿【图2-2】，

图 2-2 徐悲鸿

原名寿康。他因家境贫寒,没有受过正规教育,常遭社会上一些人的白眼。徐寿康痛感世态炎凉,以"悲鸿"自况自名,立志发愤求学,靠自己的才能立身于世,服务社会。

启用新的名字,以标明自己的政治意向,是改名者的思想动机之二。

著名书法家沈尹默,原名沈君默,早年留学日本,又积极投身新文化运动。国民党一统专制下,他不满当局"防民之口,甚于防川"的黑

# 姓名

暗,将"君"字下部的"口"去掉,改名尹默,以示讥讽和抗议。长篇小说《暴风骤雨》的作者周立波,原名周绍仪。20世纪20年代末,他在上海开始文学生涯,以"立波"作为笔名。这个名字很容易让人们联想到"弄潮儿向涛头立,手把红旗旗不湿"(宋潘阆《酒泉子·长忆观潮》)的词句。但是,周立波本人是怎样理解"立波"之意的呢?在给朋友签字留念时,周立波签下了一个英语单词"Liberty",并解释道:"立波特,我的名字,自由的意思。"原来,"立波"是由英语中"自由"(Liberty)一词的发音转化而来,不加说明,人们是很难领悟到其中的奥秘。

启用新的名字,以宣示自己的人生态度,是改名者的思想动机之三。

现代著名新闻记者、出版家,杰出民主人士邹韬奋【图2-3】,原名恩润。1926年,他在上海主编《生活》周刊时,改名"韬奋"。"韬"是韬光养晦,"奋"是奋斗不息。他用这两句话来激励自己为国家、民族的振兴多多努力。1946年7月,爱国民主人士李公朴先生于光天化日之下被凶残的国民党特务枪杀在昆明街头。李先生兄弟4人,按"仁义康祥"的顺序命名,他排行老四,所以叫李永祥。五四运动时期,永祥受新文化思潮的影响,不满"仁义康祥"的传统意识,改名为"公朴"。他对三哥解释说:"公朴者,公

仆也，我愿做人民的公仆。"以《荷塘月色》《背影》等作品闻名的现代散文家朱自清，原名朱自华。他的文笔婉转秀丽，性格却耿介刚直，从不向恶势力低头。他十分欣赏《楚辞·卜居》里屈原的话"宁廉洁正直以自清乎"，所以从中取出"自清"一语，作为笔名，并以此名传世。

启用新的名字，以纪念某一深刻的哲理感悟，是改名者的思想动机之四。

被毛泽东誉为"伟大的人民教育家"的陶行知，原名文濬。他读大学时，信奉明代心学家王阳明的哲学观点："知是行的主意，行是知的功夫，知是行之始，行是知之成。"于是改名为陶

图 2-3 七君子
左起：王造时 史良 章乃器 沈钧儒 沙千里 李公朴 邹韬奋

知行。后来,在开办平民教育的实践中,他对知与行的关系又有了更深切的体会,认为正确的提法应是:行是知之始,知是行之成,行先知后,行而后知。学校的同事跟他开玩笑说:"既然先生认为行先知后,为何还叫'知行'呢?"他一想也对,于是从善如流,毅然再次改名为陶行知。

艺术大师刘海粟,原名刘季芳。他自幼喜好辞赋、书法,尤其赞赏苏轼的《前赤壁赋》,对其亲笔所书之帖,更是反复临摹,乐此不疲。后来,他便据《前赤壁赋》中的名句"寄蜉蝣于天地,渺沧海之一粟",改名为"海粟",表示艺海无涯,自己须毕生求索,方可有所收获。

启用新的名字,有时也是出于某一灵感的触动,这是改名者的思想动机之五。

中华人民共和国国歌《义勇军进行曲》的曲作者聂耳,原名聂守信。他早年即表现出音乐方面的特殊禀赋,陌生的歌曲只要听几遍,很快就能学会,大家都夸奖他的耳朵特别好使,又看他的姓氏由三个"耳朵"组成,都叫他"耳朵"。聂守信觉得叫耳朵也不错,于是干脆改名为"聂耳"。

闻一多先生原名家骅。在清华大学读书时,他觉得家骅这个名字太俗气,于是改名为"闻多"。不久,他又发现单名一个"多"字叫起来不太顺口,怎么改呢?正为此伤脑筋时,潘光旦、吴泽霖等同学向他建议，就在前面加个"一"字，叫"一多"，好听好记，意思也不错。他高兴地接受了这个建议，从此改名闻一多。

有的人，经历曲折，一生中多次改名，意义各有不同。一生中特定情况下的多次改名，有时会成为人生不同阶段的纪念碑。

中国人民志愿军第十五军第四十五师师长崔建功，儿时的小名叫小四。16岁结婚时，有了第一个正式的名字：崔日发。20世纪30年代，他到东北军109师当兵。1935年，第一〇九师师在直罗镇战斗中被红军全歼，崔日发被俘，随即参加了革命队伍。1938年，崔日发改名"崔建工"，意思是立志建立工农政权。严酷的革命战争锻炼了崔建工。1951年3月，崔建工率第四十五师入朝参战。1952年10月，空前惨烈的上甘岭战役开始。战斗最紧张时，崔建工表示，第四十五师打得剩下一个连，我当连长；剩下一个班，我当班长。经过43天浴血苦战，第四十五师付出伤亡6000余人的代价，依托坑道工事，终于守住了阵地，并且涌现出孙占元、黄继光等一大批全国闻名的战斗英雄。1954年，崔建工当选为第一届全国人大代表。大会秘书处将他的名字改为"崔建功"，表彰他指挥上甘岭战役，为人民立了大功。后来，老军长秦基伟也为他题词："建功立业为人民"。

第三节 古人的"字"

20世纪以后出生的人,姓名都比较简单,在秉承先辈姓氏的前提下,取一字或二字作为名,就算完事。对于他们来讲,"名字"是一个单纯词,意义不可再分割。但是,对于古代中国人而言,名是名,字是字,各有独立的意思,不可混为一谈。这里专讲古人的"字"。

从周代开始,人们在名以外,又另取字。《周礼·檀弓》称:"幼名,冠字。"这句话的解释是:"始生三月而加名,故云幼名;年二十有为父之道,朋友等类不可复呼其名,故冠而加字。""年二十有为父之道"时加"字",当然是说男子;对于女子,则是"许嫁笄而字",到了可以出嫁之时(15岁)加"字"。这一礼制,秦汉以后没有严格继承下来,不过在汉语系统里却影响深远。直到今天,说年轻女子尚未定亲者,人们还习用

"待字闺中"的成语，就是这种古制的文化遗存。

人一出生就要起名，是为了分别彼此，否则便无法以独立身份进入既有的社会秩序系统之中。对小孩直呼其名，不会有什么顾忌；但同样对已经成年者，便显得不够尊重。取字，正是为了解决这一问题。所以，古人的名，主要用于自称；古人的字，主要用于他称。当然，也不是说所有的情况下都必须对人称字不称名，这要依对话双方的相互地位而定。彼此地位相当者，尊称别人用字不用名，谦称自己用名不用字；长辈对晚辈、老师对学生、上级对下级，也可以称名而不称字，这样显得更亲切。如果说起名是为了分彼此，那么取字就是为了明尊卑。这是名与字功能的基本区别之一。

名用于自称，主要是表明个体的独立存在，即"正体"；字用于他称，还含有赞扬对方品行的意味，即"表德"。所以，北齐颜之推《颜氏家训·风操》说："古者，名以正体，字以表德。"这是名与字功能的基本区别之二。为什么小孩无字，成人有字，从这里也可以讲出道理：小孩的品行尚在形成之中，"德"还未定型，所以不可有字。根据古制，出生时只取名，成年后再取字。后来，这种规则有所松动，也有人一出生，长辈便将名、字一并取出。但是"名以正体，字以表德"的功能区分依然明确。一个很有意思的例子是钱锺书的父亲给他改字。

钱锺书出生那天,有人送来一部《常州先哲遗书》,于是他被取名仰先,字哲良。"抓周"时他抓到一本书,所以又取名锺书。少年钱锺书相当狂傲,任意臧否人物,口才好,骂人也别致。父亲担忧他的这种性格发展,特地为他改字"默存","意思是告诫他缄默无言、存念于心"。但这对少年钱锺书并未起到明显作用。"倒是年过半百之后,在'文革'中,他才真正做到名副其实的'默存'"。①

字独立于名之外,但又与名保持有密切的联系。根据古文字学,"字",有滋生之义。因此,我们也可以理解为,古人的字系由名滋生而来,它对名起到说明、解释、引申的作用。春秋战国时代,人们的名与字之间一般均有特殊的意义关联。清代训诂学家王引之写过一部《春秋名字解诂》,归纳、揭示了当时的人的名与字之间的五类关联,全面而准确。现补充实例,列举如下:

1. 同义互训

孔子的学生樊须,字子迟。须与迟,都有等待的意思。闵损,字子骞。损与骞,都有亏折的意思。颜回【图2-4】,字子渊。据《说文解字》解释:"渊,回水也。"

2. 反义相对

卫人端木赐,字子贡。上赏给下叫"赐",

① 孔庆茂:《钱锺书传》,南京:江苏文艺出版社,1992年,第26页。

图2-4 颜回

下献给上叫"贡",意义恰好相对。楚将唐昧,字子明。昧,昏暗的意思,与光明正相反。

3. 连类推论

孔子的弟子南宫括,字子容。"括",包括;推论到"容",受容。楚臣仲归,字子家。由归而家,顺理成章。

4. 据义指实

齐公子固,字子城。由坚固之义,引指高大实在的城墙。鲁人冉耕,字伯牛。由农垦之义,引指具体的耕牛。

5. 辨物统类

卫人邃瑷,字伯玉;齐人陈瓘,字子玉。瑷、瓘均为玉类的一种。孔子的儿子孔鲤,字伯鱼;楚公子鲂,字子鱼。鲤、鲂均为鱼类的一种。

上面列举的诸人之"字",均由二字组成,但第一字并无实义。如子迟、子贡之子,是古代男子的美称。而伯牛、伯鱼之伯,系排行用字伯、仲、叔、季的第一位。所以,此类二字"字",其实是一字"字"。这也是早期命字的特点之一。

秦、汉以后,二字"字"逐渐增多,成为主流。而且,字与名并用时的排列顺序也发生了变化。先秦时先称字,后称名,如楚将百里孟明视,百里是姓,孟明是字,视是名。汉代以后,改为先称名,后称字,如三国魏曹丕在《典论·论文》中论及"建安七子"时称孔融文举、陈琳孔璋、

 姓名

王粲仲宣……这里的"孔融""陈琳""王粲"均是姓名,"文举""孔璋""仲宣"则分别是他们的字。此外,在取字的方式上,既继承了先秦时代同义互训、反义相对、连类推论、辨物统类以及以排行入字、以美称入字等传统做法,又有了一些新的发展。其类型大致有:

1. 增美辞

先秦时代的子、父一类尊称用字,大量含义丰美之辞,如公、翁、卿、倩、彦、伟、休、道、孝……成为取字的热门选择。例如:

东汉大臣窦融,字周公;东吴将领黄盖,字公覆;西汉豪强郭解,字翁伯;唐吏孔巢父,字弱翁。(尊老美辞)

西汉使节苏武,字子卿;大将军卫青,字仲卿。(称谓美辞)

诙谐滑稽的西汉文学家东方朔,字曼倩;三国魏曹丕之孙、魏帝曹髦,字彦士。(身份美辞)

"建安七子"之一的徐干,字伟长;三国魏文学家应璩,字休琏。(形容美辞)

东汉学者尹珍,字道真;三国蜀刘备的谋士法正字孝直。(德性美辞)

2. 采典籍

采摘典籍中精彩的名言警句之义,用作表字,意趣高雅。民国要人李宗仁,字德邻,名和字同出自《论语·里仁》:"里仁为美""德不孤,

必有邻"。

3. 表仰慕

表示对前贤先哲的仰慕之意，是古人命名、取字的重要思路之一。北齐文学家颜之推，倾慕春秋时晋人介之推的节操，故与之同名，又以其姓氏为字。南朝文字训诂学家顾野王，钦佩西汉博士冯野王，不仅照搬其名，而且取字曰希冯。唐代诗人李商隐，字义山，名与字都饱含对商代先贤的追念。《史记·伯夷叔齐列传》载，武王伐纣，伯夷、叔齐叩马而谏，左右欲杀之，太公曰"此义人也"，遂免。"武王已平殷乱，天下宗周，而伯夷、叔齐耻之，义不食周粟，隐于首阳山，采薇而食之"。对照这一段史事，再看商隐、义山之辞，意义自明。

4. 寄情怀

陆游在《老学庵笔记》中说："字所以表其人之德。"正如言为心声一样，字也是人们抒发情怀的手段。近代维新运动的领袖人物康有为，字广厦，意在表达自己为黑暗专制下的国人争得一个开明、自由的生存"广厦"的宽阔胸怀。现代著名民主人士黄炎培，字任之。他自己解释"任之"的含义："其一是对自己该做的事，对国家、对社会该负的责任，坚决勇敢地担负起来，任之；其二是对无所谓的事、无聊的流言等，不管它，由它去，任之。这就是我做人处世的信条。"

5. 析名文

名与字之间存在着密切的联系。这种联系既可以是文辞意义上的，也可以是文字结构上的。南宋诗人谢翱，字皋羽；明朝"竟陵派"文人刘侗，字同人；清文学家毛奇龄，字大可……都属这一类型。

既起名，又取字，是中国姓名文化的独特传统之一。直到 19 末 20 世纪初，依然如此。以近代名人为例：史学家陈垣（1880 年生），字援庵；文学家、思想家、革命家鲁迅（1881 年生），字豫才；中国共产党的创始人李大钊（1889 年生），字守常；学者胡适（1981 年生），字适之【图 2-5】；哲学家汤用彤（1893 年生），字锡予；文学家沈德鸿（1896 年生），字雁冰；散文家、诗人朱自清（1898 年生），字佩弦；军事家、外交家陈毅（1901 年生），字仲弘；史学家吴晗（1909 年生），字辰伯。

辛亥革命推翻了几千年的君主专制。"五四"新文化运动以后，传统的上下尊卑秩序被完全否定，因而以明尊卑为主要功能的字，也就失去了存在的基本依据。所以，20 世纪 20 年代以后，极少有人在起名之外又取字的。当然，在一部分古代文化，尤其是古典文学爱好者中间，名外取字的雅好依然保留了下来。

随着时代的发展，生活节奏的加快，人际交

图 2-5 胡适

往越来越频繁，称谓繁复、叠床架屋的名、字并行之制，显然不再有恢复的必要与可能。至于少数古文爱好者愿意继承命字的雅好，当然也属个人正当的权益。而对于一般群众来说，了解古代这方面的知识，还是有其积极意义的。特别是文

 姓名

学艺术工作者,在创作古代题材作品时,如果弄不清名、字的不同用法,随意编来,就会闹笑话。例如评书《杨家将》中,杨六郎竟然在皇帝面前自称"杨景杨延昭",这类低级错误,完全是可以避免的。

第四节　多彩别号

古代的人，除了有名有字，还有号。号有广义和狭义之分。广义的号，包括绰号、谥号以及帝王的庙号、尊号、年号等，而狭义的号，特指"别号"，即一个人名、字以外的另一种名字构件。这里仅谈狭义的号——"别号"。

从时间上看，殷商以前，人们只有名；商末周初，开始有字；它们都比号的历史长。至于号出现的时间，因为对号的界定不同，所以众说纷纭。

一种观点是，将无论本人或非本人决定的名、字以外的称呼，都算作号。另一种观点是，只有由本人决定的名、字以外的称呼，才算作号。持前一种观点者，往往引鬼谷子【图2-6】为例。鬼谷子是典籍和民间传说里的一位神秘人物，没人知道他的姓氏和名字。《史记》说他是苏秦和

图2-6 鬼谷子

张仪的老师。《太平御览·礼仪部》称:"周有豪士,居鬼谷,号为鬼谷神生。"这号是自号还是他号,说法不一。《文选注·鬼谷子序》的看法是"自号鬼谷子"。如此说来,起码在苏秦、张仪生活的战国时代,就有了"号"这种称呼。清人章学诚是这种观点的代表。他说,虽然宋代"尽人而有号",但是——

  号之原起,不始于宋也。春秋、战国,盖已兆其端也。陶朱、鸱夷子皮,有所托而逃焉者也。鹖冠、鬼谷诸人,自隐姓名,人则因其所服所居而加之号也。皆非无故而云然也。(《文史通义·繁称》)

但是,历史上是否真有鬼谷子其人,颇有争论。一种有代表性的看法是:鬼谷子是苏秦故弄玄虚编造出来的人物。唐人李善认为:"鬼谷之名,隐者通号也。"(《文选注·鬼谷子序》)其实也是否认了鬼谷子实有其人。皮之不存,毛将焉附?如果鬼谷子其人并不存在,那么,以其作为战国时代就有号的例证,也就失去根据。

持后一种观点者,认为以确切的文献资料为根据,直到晋宋之时,才有与名、字同时使用的号的出现。葛洪自号抱朴子,陶潜自号五柳先生。这些名人有号,对当时及后世产生了影响。唐代文人有号的渐多,到了宋代,起号蔚然成风。①

号与名、字的主要区别是什么呢?

第一,就决定者论,一般情况下,名、字总是由长辈取的,而号却是成年之后由自己定的(别人提议,本人认可的,也属此类)。

第二,就形式论,名、字只用一两个字,而号的字数少则二三字,多则八九上十字。像明人龚元成,自号"三十六湖云水二十四桥烟月主者",竟达十四字之多。

第三,就数量论,名、字只有一两个,至多三五个,号却可以有一个、几个、十几个、甚至几十个。人事多迁,境遇常变,感怀屡生,号也就随之不断地增加。清末改良派思想家王韬,因与太平军往来,被朝廷通缉,亡命香港,于是自号"天南遁叟"。后接受英国朋友理雅各之邀,前往英国,帮助翻译、介绍《易经》《春秋左氏传》等中国典籍,就此改号"欧西经师"。1879年,王韬东渡扶桑,"遍交其贤士大夫",相与唱和,由此又号"日东诗祖"。晚年,他寄寓沪上,办书院,编报纸,更号"淞北逸民"。此外,他还曾号甫里逸民、蘅华馆主、玉溪生、忏痴庵主、淞滨逋客、沪北寓萌、歇浦散人、瀛洲钓徒、吴下老饕、遁窟废民等。

第四,就意义和风格论,"名字常庄重,号常轻灵。如果说名字属于古典派,则号必为浪

①吉常宏:《中国人的名字别号》,北京:商务印书馆,1997年,第171页。

 姓名

漫派"。①

古人如何取号,可参见《红楼梦》第三十七回"秋爽斋偶结海棠社,蘅芜苑夜拟菊花题"。宝玉等人发起海棠诗社——

> 黛玉道:"既然定要起诗社,咱们都是诗翁了,先把这些姐妹叔嫂的字样改了才不俗。"李纨道:"极是,何不大家起个别号,彼此称呼则雅。"
>
> 众人响应,一时热闹非常。
>
> 李纨抢先自命"稻香老农","再无人占的"。
>
> 探春初定"秋爽居士",宝玉认为"到底不恰",建议从庭院所植梧桐芭蕉处动脑筋。探春最喜芭蕉,就定了"蕉下客",众人都道别致有趣。
>
> 探春因黛玉住潇湘馆,又爱哭,取娥皇女英泪洒斑竹的典故,替她"想了个极当的美号"——"潇湘妃子",大家拍手称妙,黛玉"低了头方不语言"。
>
> 李纨给宝钗想了个"蘅芜君",探春以为"极好"。
>
> 宝钗认为,称宝玉"无事忙"恰当得很,李纨说还是他的旧号"绛洞花主"不错,探春则对宝玉说:"我们叫你什么,你就答应

---

① 萧遥天:《中国人名的研究》,北京:国际文化出版公司,1987年,第180页。

着就是了。"宝钗又出一个主意，"天下难得的是富贵，又难得的是闲散，这两样再不能兼有，不想你兼有了，就叫你'富贵闲人'也罢了。"宝玉笑道："随你们混叫去吧。"

接下来，迎春住紫菱洲，就叫了"菱洲"。惜春住藕香榭，就叫了"藕榭"。

看了这一段，我们就会对古代人物为什么取号、那些奇奇怪怪的号的来由，以及人们取号之时的轻松活泼心态，有了一个生动具体的了解。

号由自取，所以，社会上三教九流、各色人等，什么人可有号，什么人不可有号，本没有硬性规定。但从历史的实际状况看，文人是各色人等中最浪漫的一群，所以他们对号也特别偏爱，所取之号，相对于一般民众，也就显得格外儒雅、潇洒、风趣甚至怪诞、尖刻。

超然世外的陶渊明【图2-7】，忘情于"采菊东篱下，悠然见南山"。在他简陋的房舍前后，五柳环绕，枝条飘拂，于是他以"五柳先生"为号，质朴无华，意趣天成。北宋大文学家欧阳修，正直敢言，屡遭贬谪。仁宗庆历年间，他左迁滁州太守，仍达观、开朗，常与文朋诗友聚饮于"蔚然而深秀"的琅琊山间一小亭之内。欧阳修本非豪饮之士，"饮少辄醉，而年又最高，故自号曰醉翁也"。他自称："醉翁之意不在酒，

在乎山水之间也。山水之乐,得之心而寓之酒也。"他还由此命该亭为"醉翁亭",并留给后人一篇恬淡、精练、隽永的千古名作《醉翁亭记》。晚年的欧阳修,又自号"六一居士",其义为一万卷书,一千卷古今石文,一张琴,一局棋,一壶酒,再加上自己一老翁。

与这类简洁晓畅之号相比,另一类号的含义就曲折隐讳多了。宋代太医孙肪,号四休居士。众人不解其意,诗人黄庭坚当面请教,得到的答案

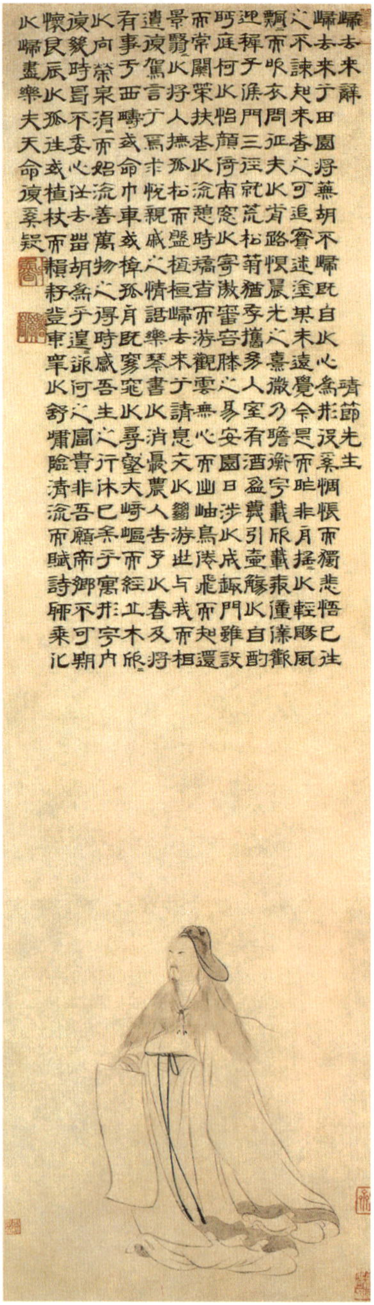

图 2-7 明代王仲玉《陶渊明像》
北京故宫博物院藏

是:"粗茶淡饭,饱即休;补破遮寒,暖即休;三平二满,过即休;不贪不妒,老即休。"清代诗、书、画俱佳的"扬州八怪"之一的郑燮【图2-8】,号板桥。有人以为此号来源于他故乡江苏兴化的某座木桥,这是望文生义的误解。板桥之号,实出于唐人刘禹锡的《杨柳枝》一诗,诗曰:"春江一曲柳千条,二十年前旧板桥。曾与美人桥上别,恨无消息到今朝。"原来,郑燮早年未成名时,曾在扬州卖书画谋生,屡屡遭人鄙薄嘲弄。登第发迹后,他又回扬州卖画,巴结逢迎、出高价、

图 2-8 郑燮

舍重金者挤破门槛。郑燮痛感人心冷暖，世态炎凉，于是将刘禹锡诗句"二十年前旧板桥"刻作印鉴，用于作品的落款，其意在委婉表示自己还是当年的穷小子，受用不起这样的抬举。与此同时，他喜用"板桥道人""板桥居士"一类的印鉴，后来干脆以"板桥"为号。"板桥"之外，郑燮还有一个更难解的号，叫作"青藤门下牛马走"。这个号中有号：青藤，指青藤道士，是明代大才子徐渭【图2-9】即徐文长的诸号之一。牛马走，谦辞，指在皇帝面前如牛马一般供驱策的奴仆，当年司马迁《报任少卿书》中便有"太史公，牛

图2-9 徐渭

马走"的说法。郑燮非常敬佩徐渭的道德文章，自恨晚生一百多年，不能在其门下奔走效力，于是以"青藤门下牛马走"为号，表达对前贤先哲的景仰之情。

文化人常愤世嫉俗，所取名号也往往有惊世骇俗之举。现代著名金石书画家邓铁，又名菊初、士杰，字纯铁，但人们印象最深刻的还是他的号——粪翁。为什么艺术家偏要取这样一个很难被人接受的怪号呢？原来，邓铁在书法、篆刻方面崭露头角于沪上之后，署名为邓铁的假冒伪劣之作纷纷出笼。邓铁防不胜防，忍无可忍，一怒之下，从此自号"粪翁"，并堂而皇之地署在自己的作品上。不仅如此，他还将自己的居室命名为"厕间楼"，又刻用印鉴曰"遗臭万年""逐臭之夫"。更绝的是，他举办个人书法、篆刻展览，所赠请柬，竟然由如厕手纸制成！邓铁以这种怪味幽默，跟世间的宵小之辈，开了一个辛辣的玩笑。而且"粪翁"之号，还有更深一层的积极的意蕴：粪字作动词用时，其意为弃除、打扫。因此，以"粪翁"为号，又表达了邓铁扫除腐朽、荡涤污秽的高洁志向，大俗而大雅，精彩至极。与"粪翁"有异曲同工之妙的是，明末清初的诗人屈大均，以"死庵"为号。屈氏曾参与反清武装斗争，失败后削发为僧，不久还俗，与顾炎武等相交往。他坚持民族气节，低吟："地下多吾友，皆为殇

鬼雄",高歌:"忠诚夙所主,九死吾何伤"。以"死庵"为号。充分体现了他与清廷势不两立,拼死一争的断然决心。

自古文人取号,法无定法。大致归纳,不外如下几种路数:

1. 抒情为号

抒发性情,是取号的重要根由。唐代诗人贺知章,好饮酒,豪放不羁,故号四明狂客。继贺之后的文学家陆龟蒙,性情旷达,因而自号江湖散人、甫里先生,又号天随子。比陆稍晚的诗论家司空图,性谦恭,于是自号知非子、耐辱居士。近代史上的维新志士谭嗣同,自幼博览群籍,读万卷书,行万里路,体察世事,亟思变革,因号壮飞,以抒豪情。与谭嗣同共襄维新大业的梁启超【图2-10】,号饮冰室主人。"饮冰"源出自庄子之语:"我朝受命而夕饮冰,我其内热欤?"梁氏以饮冰室主人为号,形象地抒发了自己于焦灼的救国热情中不乏冷静的心态,他的著作全集,也因此而被命名为《饮冰室合集》。

2. 明志为号

比抒情更直白的,是明志为号。宋亡于元,汉族遗民怀念故国。画家郑思肖工墨兰,不画土根,称"中国地为蕃人夺去矣"。他自号"木穴国人",木穴合一,则为宋字。清代士人党湛,申言"人生须作天地间第一等事,为

图 2-10 梁启超

天地间第一等人"，因而自号"两一"。近代孙中山领导的革命党人，以"驱除鞑虏，恢复中华"为职志。所以，章士钊号黄帝子孙之嫡派黄中黄，蔡冶民号汉种之中一汉种。孙筹是清末秀才，辛亥革命中投笔从戎，秀才与兵，一身而兼之，因以自号戎马书生。比他们更有名的邹容，干脆自号"革命军马前卒"，寓意冲锋陷阵、奋不顾身。

3. 纪地为号

对乡梓的怀念，对家园的情感，是文人以地名为号的主要动因。唐代诗仙李白，号青莲居士，是为了纪念在四川江由青莲乡度过的童年生活。北宋诗人黄庭坚，游安徽潜山山谷寺。寺西山谷中有一巨石，状如卧牛，黄庭坚坐石牛之上，赏山色之美，乐不思返，因此自号山谷道人。南宋诗人范成大，祖籍吴郡石湖，因而号石湖居士。《西游记》的作者吴承恩，故乡位于江苏淮安射水以北。按古代方位惯称，山北水南为阴，山南水北为阳，故而吴承恩自号射阳山人。晚清谴责小说《二十年目睹之怪现状》的作者吴趼人，原籍广东南海，但久住佛山，并对这第二故乡产生感情，因此以"我佛山人"为号。

4. 铭岁为号

生年、享寿往往也是文人取号的根据。五代杨凝式，号癸巳人；明代徐洪星，号甲子老人；清代吴衡照，号辛卯生。这些都是以生年自号的显例。文人得高寿者，晚年喜以年岁自号。宋代豪放派词人辛弃疾，号六十一上人；明人殷登瀛，号九一居士；范守己，号九二闲人；清人李遇孙，号上元甲子百岁翁……均属此类。还有一种特例，就是将发生重要事变的年号作为自号。清人郑燮的朋友、画家高凤翰，晚号丁巳残人，亦号尚左生。原来，高凤翰54岁时右手致残，不得已而改用左手挥毫泼墨。那一年岁在丁巳，于是他便以丁巳残人为号，纪念人生中的这一不幸。

5. 表藏为号

读书人多有收藏典籍金石、文房四宝的雅兴，而且每以其藏品的质精、量丰自豪，此风清代尤甚。夸言收藏之物及藏物之室，于是也成为清人取号的依据之一。例如：陈介祺号万印楼，陈均号十三汉镜斋，何玉瑗号有元四家画楼，丁国典号八千卷楼，周德馨号千镜万泉斋（泉即古钱），潘仕成号周敦商彝秦镜汉剑唐琴宋元明书画墨迹长物之楼。有意思的是，文人尤钟情于石砚，因而以若干砚斋为号，几成一窝蜂。沈可培号十砚斋，祁焕号二十八砚斋，陈鳣号六十四砚斋，阮元号九十八砚斋，金农更号二百砚田富翁。如此铺陈，似乎在斗富了。

6. 慕贤为号

孔子之言"见贤思齐"，被古今文人奉为圭臬。在道德文章上思与先贤"齐"，当然不是易事，但在名号上"思齐"，却并不困难。东汉大学者郑玄，以古文经说为主，兼采今文经说，遍注群经，成为汉代经学的集大成者，素为后世学人景仰。明人郑洛书，号郑思斋，清人沈树镛号郑斋，王昶号郑学斋，吴大澂号郑龛，潘祖荫号郑庵，都是为了表示对郑玄的仰慕之心。维新健将谭嗣同、唐才常的老师欧阳中鹄，非常推崇明清之际启蒙学者王夫之的学术和气节。因为王夫之号薑斋，欧阳中鹄便号瓣薑，以承流韵余香。近代民主主义革命家章炳麟，十分钦佩与王夫之齐名的顾炎武。因顾炎武原名绛，他也改名为绛，又取号太炎，表白自己承继先哲的宏大抱负。

从历史上看，从两晋到唐代，一般只有隐逸山林或乡居不仕者喜用号。宋代是号的大普及时代，上至达官贵人，下至贩夫走卒，都喜用号。清人赵翼的《陔馀丛考》里记载了这样的笑话：某官审讯一强盗罪行，盗自辩曰"守愚不敢"。某官对照案卷所载姓名，不明"守愚"为何人。再行追问，原来该盗贼别号"守愚"。明清时期，士人取号之风亦盛，多者如傅山，一人有号数十个，如大笑下士、丹崖翁、五峰道人、真山老人、朱衣道人、龙池闻道下士，等等。近代以后，知识分子阶层中，名、字之外取号依然是普遍现象。

进入20世纪，社会风气、习俗改变，人们一般不再于姓名之外另取字、号。但是在某些文史研究者、爱好者中间，名外取号的雅好依然保持了下来。从一定意义上讲，这也是中华文化长久生命力的体现。

第三章 姓名文采

　　姓名是一种社会现象，同时也是一种语言现象。当它以书面形式出现时，又是一种文字现象。语言文字是中华民族文化最有特色的组成部分之一，从这个意义上讲，在我们讨论中国姓名史的时候，研究姓名与中国语文的关系，不仅十分必要，而且不可回避。

　　中国语言文字学具有悠久的历史沿革和丰厚的学养积累。一般而论，它可分为训诂学（义）、文字学（形）、音韵学（音）三大分支。本章依此逻辑系统，分别讨论姓名的意义、字形和读音。

第一节　姓名意义

　　姓名是一种为满足人们社会交往需要而产生的符号。如果只从这个最本质的、最抽象的意义上考虑的话，那么，任何一个词，甚至一个字符，都可以承担这种符号功能。换言之，人们就没有必要为确定姓名而费力劳神，随便叫个阿猫阿狗就可以了。但是，在实际生活中，却很少有人会以这种轻率的态度来对待姓名问题。这是因为，任何一个词，固然可以承担符号的功能，但又都同时表达着某一特定的意义。当它作为人的符号被使用时，这个符号的使用者（包括本人和他人）必然会联系其意义,产生诸多相关的印象。唯其如此，人们在确定姓名的时候，总是会在选定词汇的意义方面有所考虑，以期在使用这个姓名时,产生符合自己意愿的、积极的、愉悦的联想，而不是相反。证明这一点的一个有趣的例子是：

英国统治香港时，第 27 任总督是 David Wilson。起初，他考虑到符合中国人的习惯，又兼顾英文本来的发音，将自己的名字汉译为"魏德巍"。但是，香港民众对之提出尖锐批评：在字形、字义方面，"魏""巍"是"双鬼出格"；在字音方面，"魏"谐音"危"，实在是大不吉利。港督从善如流，改译名为"卫奕信"。三个字分别是保卫、神采奕奕、信任的意思，都表示美好，当然被人们所欣然接受。

让我们再看一个中国文学经典中的相关例证。《红楼梦》第五回写道，宝玉在梦中与警幻仙姑一起听舞女演唱《红楼梦》十二支。其中《终身误》一曲曰：

都道是金玉良缘，俺只念木石前盟。空对着，山中高士晶莹雪；终不忘，世外仙姝寂寞林。叹人间，美中不足今方信。纵然是齐眉举案，到底意难平。

曲中起始一句的"金玉"，指宝钗（金）和宝玉（玉），而"木石"，则指黛玉（木）和宝玉（石）。接下来的"山中高士晶莹雪"和"世外仙姝寂寞林"，分别指代宝钗和黛玉。曹雪芹在这里借舞女之口，道出自己对笔下人物爱情悲剧的无限感慨，同时也为读者暗示了他为贾宝玉、林黛玉、薛宝钗三人命名的意义所在——贾为"石",林为"木",薛为"金"。"金玉良缘"其实是世俗观念钳制人性的枷锁,"木石前盟"才是真挚爱情的理想归宿。

小说中人物姓名的意义,通常寄寓着作者的社会理想、价值标准和艺术追求。这些考虑,在现实生活中,同样是绝大多数人们取名时关注的内容。不同的是,一般民众对姓名意义的理解往往停留在表层,而硕学鸿儒之士则可以从看似平凡的字眼中,采掘出深刻的意蕴。

年轻的学者陈来,师从当代大儒冯友兰【图3-1】研习中国哲学,请老师为自己命字。

图3-1 冯友兰

 姓名

冯氏谓"可字'又新'"。依中国文化的传统,名和字之间应有直接的意义关联。"来"与"又新"之间的关联何在?冯氏有如下议论:

"来"之一词,在日用为恒言,在哲学为术语。《周易》之诸"对待"中,"来"与"往"为一"对待",配以其他"对待",则"来"为伸,"往"为屈;"来"为阳,"往"为阴;"来"为息,"往"为消;"来"为神,"往"为鬼。余亦常谓:往者不可变,来者不可测,不可测即神也。往者已成定局,故不可变;来者方在创造之中,故不可测。"来"之诸美义,可一言以蔽之曰"日新"。

《周易·系辞》曰:"日新之谓盛德。"《大学》亦曰:"苟日新,日日新,又日新。"其义若曰:既日新矣,则必新新不已,新而又新,永无止境。此"又新"之义也。

"来"方在创造之中,前途无量,此大业也。《周易·系辞》曰:"富有之谓大业,日新之谓盛德。"二语相连,有旨哉!"来"之义极为深广,以"来"为名者,以"又新"为字,方足辅之。余谓陈来可字"又新",其义如此。①

"来"与"又""新"都不是什么生僻字。但

① 王泉根:《中国人名文化》,北京:团结出版社,2000年,第157页。

是，它们所蕴含的意义，居然如此丰厚。人们在感叹冯老博学的同时，应当对认识中国语文在表意方面的强大功能，以及如何利用这一功能为自己或孩子取一个别致典雅的名字，有所思考，有所收获。

人们在取名时，都要考虑用字的意义。但是，汉字有一字多义的特点。许多情况下，别人在称呼某人姓名时，对其意义的理解，往往与取名者的初衷不相一致，并因此而发生许多令人意想不到的后果。

其例一：

《尹文子·大道下》中有这样一则记载："康衢长子，字僮曰善搏，字犬曰善噬。宾客不过其门者三年。长者怪而问之，乃实对。于是改之，宾客复往。"意思是家住大路边的老人，为家僮取名"善搏"，为看门狗取名"善噬"，结果客人都不上门了。老人不明白为什么，就向人询问其中的原因。那人告诉他："你为家僮和狗取那么凶恶的名字，又是打，又是咬，谁还敢上你家去呢？"老人恍然大悟，赶紧为家僮和狗改了名字，于是，朋友们又恢复了与老人的往来。

其例二：

唐代大诗人白居易未成名时，将自己的诗作进呈顾况，希望能得到赏识和提携。顾况一看到他的名字，便戏谑道："长安百物贵，居大不易。"

但读到《赋得古原草送别》诗中"野火烧不尽,春风吹又生"一句时,顾况又情不自禁地赞叹道:"有句如此,居天下有甚难!老夫前言戏之耳。"①在群星璀璨、大师辈出的唐代诗坛,顾况只能算二三流人物。但他品诗识人的眼光,却是一流的。白居易【图3-2】日后果然"居天下有甚难"。当然,这不是因为他的名字取得好,而是他明白晓畅、雅俗共赏的诗歌为人民所深深喜爱。

其例三:

左宗棠、曾国藩都是晚清封疆大吏。左宗棠,字季高,善辩且自负。某日论事,与曾国藩意见不一。曾国藩笑道:"季子敢鸣高,与予意见大相左。"左宗棠不假思索,应声回击:"藩臣徒误国,问他经济有何曾。"左,本是姓,但在"意见相左"句中,又是"不同"的意思。季高,被拆开成"季子敢鸣高",意思是你小子还自命清高。曾,也是姓,但"何曾"一句,刺其人从未有益于经国济民。国藩,本是国家社稷的保卫者之义,却被倒置成"藩臣徒误国",正与原义相反。

如果说上面的故事多属稗官野史,内容也较轻松,那么下面这些历史例证中的主人公的遭遇,可就令人笑不出来了。

光绪三十年(1904),中国历史上最后一次科举考试举行。会试结果,考官张百熙推举谭延闿为第一名(称"会元")。但是,到了殿试之

图3-2 白居易

①王定保:《唐摭言》卷七,上海:上海古籍出版社,1978年,第81页

时，阅卷大臣却不敢把谭列入前三甲之中。原因是害怕慈禧太后见到后不高兴，将此"谭"与彼"谭"——因戊戌变法而被处死的维新健将谭嗣同联系起来。二"谭"不仅同姓，而且同为湘人。再三斟酌后，决定将朱汝珍列为第一。谁知慈禧太后一看名单，还是大皱眉头。考官们突然醒悟：太后见到"珍"字，必然想起恨之入骨的珍妃其人。而且，这朱汝珍乃广东人氏，正是太后深恶痛绝的维新"乱党"康有为、梁启超的同乡。可叹谭、朱二人，就此丧失了成为中国最后一名状元的绝大荣耀。

世间凡事均有反例。有人因名而倒霉，就有人因名而走运。与上述谭、朱二人同科的刘春霖，就是这种幸运儿。

慈禧太后十分厌恶地将朱汝珍的试卷搁置一旁，再看直隶肃宁县人刘春霖的卷子，不禁喜上眉梢，对众人说道："今岁天下大旱，举国焦虑，春霖乃'春风化雨，普降甘霖'之意；而肃宁，则预兆大清肃靖安宁。此有大吉兆。"于是提笔批下"第一甲第一名"字样。刘春霖就此成为中国一千三百年科举制度下的最后一位状元。所以，在《六十自述》中，刘春霖自称"第一人中最后人"。

世间凡事均有同例。与刘春霖同样"好运"的，在科举史上不止一人。早于刘氏一年，参加光绪二十九年癸卯科考试的王寿彭,即为一例。这一年殿试结束,阅卷大臣进呈前十名试卷。正在筹办七十大寿庆典的慈禧太后从中发现"寿彭"之名,非常高兴。认为此名有"寿比彭祖"之意,正应了自己的古稀喜庆,吉祥如意,遂点为状元,拔置魁首。此情传出,人们不免有所议论,王氏本人当然也有所风闻,于是作打油诗一首,以作辩白:"有人说我是偶然,我说偶然亦堪难。世上纵有偶然事,岂能偶然再偶然。"王寿彭声明,自己经过童试、乡试、会试、殿试,一路过关拔寨,最终大魁天下,凭的是实力,世间哪有"偶然再偶然"的成功者?

任何姓名中的任何一个汉字,都有特定的意义。为了避免讨论的漫无边际,这里仅就一类特殊的姓名用字,稍作展开。

中国人的姓名中有一种比较特殊的类型,就是采用数字来命名。这些含有数字的姓名,因为意义特别,往往给人留下深刻的印象。

首先要说的是以数字为姓氏的有趣现象。明人冯梦龙在《古今谭概》里记载了这样一则笑话:某位县太爷的夫人姓伍,愚昧而又骄横。一日,她遇见县衙僚属的妻子,得知她们中有人姓陆、姓戚,内心老大不高兴,跑到丈夫那里去撒气:"我才姓伍(五),她们反倒姓陆(六)、姓戚(七),居然比我还大,简直气死人!"拿姓氏(而且是谐音）来比大小、高低、贵贱，当然是无知、无聊的表现，但这位伍夫人的可笑行径，倒是提醒我们注意到，中国人的确有以数字为姓氏（甚至并非谐音字）这样一种有趣的文化现象。而且，数字在这里不仅是家族的共同标志，其表示数量的意义，有时也能体现出来。如果我们不是如伍夫人那样愚蠢，而是巧妙利用数字的表意功能，细心推敲，取出精彩的名字，岂不亦乐乎？

用作姓氏的数字，相当齐全，依次递进，成龙配套，整齐有序。请看下列例证：

姓一：南朝刘宋时，何承天撰《姓苑》，其中收有"一"姓。另有文献记载，"一，夷姓，后魏一那娄之后"。明代有一善，曾任嵩明县县丞；还有一炫宗，曾任灵寿县县丞。此外，还有人姓"一"的大写"壹"，如壹元，汉代名士。

姓二：唐玄宗开元年间，有人名二从直。清代有人名二肖翁。此外，周有人名贰轸，后魏有人名贰尘。

姓三：宋人陈彭年撰《广韵》称："三，汉复姓五氏：三闾氏，三闾大夫屈原之后也；沛上计三乌群，三乌大夫之后也……《蜀志》有三丘务。"元代有三旦八，曾任云南地方官。

姓四：西汉刘向《说苑》记载：四水，春秋时代越国大臣。明张自烈《正字通》记载：四象，宋代庆元年间汀州知州。另有肆敏，汉人，曾任渔阳太守。

姓五：南宋郑樵《通志·氏族略》称："五氏本伍氏，避仇改为五。"五梁，三国时蜀国谏议大夫。五裔，晋代始兴太守。

姓六：相传虞舜时，皋陶的后代受封于六（今安徽省六安县），于是以"六"为姓。明代方孝孺因不肯为成祖起草登极诏书而被杀，其后人避难逃至江苏江阴，改姓为"六"。

姓七：金人七斤，宣宗时任丞相仆散，元脱脱等《金史·完颜奴申传》中有其事迹记载。《万姓统谱》记载，明代有七希贤，施州卫人，正德年间任永春县训导。

姓八：明凌迪知《万姓统谱》记载，明代有八通，江宁人，曾任礼部主事，后因犯罪被撤职。明代另有八天培。明亡于清后，朱氏后裔将姓分拆成"牛"和"八"，分别以为己姓。

姓九：九嘉，唐代翰林应诏。宋代有九真。明代有九焯、九聚。

姓十：据《台湾省志·氏族篇》，岛内姓"十"者不少，分布于台北、新竹、彰化等地。①

姓百：东汉班固《汉书·酷吏传》中有"南阳有梅免、百政"的字句。唐人颜师古在其下注释道："梅、百皆姓也。"

姓千：东汉班固《汉书·王吉传》记载："汉有谒者千秋。"另外，明代有千万，广东茂名人，

①张德鑫：《中外语言文化漫议》，北京：华语教学出版社，1996年，第354页。

正统年间任宜山县典史。

姓万：南宋郑樵《通志·氏族略四》称："万氏，姬姓毕万之后，一云芮伯万之后。"孟子有一个得意门生叫万章。明末清初的万斯同，著名历史学家，《明史》的审定者。

姓亿：南朝宋何承天《姓苑》中收有亿姓，但典籍中未见实际的亿姓人名记载。

与数字发生联系的姓氏还有一种类型，即在数字之前冠一"第"字，构成序数式的复姓。例如第二、第五、第八等。这一类姓氏的来源是共同的。西汉初，为了消除各地豪强的势力，中央政府把战国时齐、楚、燕、韩、赵、魏六国国君的后裔及豪门望族共十余万人迁离原籍。齐国田氏的后裔被迁徙到诸陵，各支以居处次第作为姓氏，田广之孙田登排列第二，田广之弟田英排列第八，于是分别以"第二""第八"作为新的姓氏。王莽时的讲学大夫第八矫，就是田英的后人。此外，汉章帝时的名臣第五伦，位居司空，奉公尽节，敢于直言，深孚民望，时人比之前朝贡禹。这第五伦，也是齐国田氏之后。元代有一儒生，叫第五居仁，明宋濂《元史》卷一百八十九记载："其宏度雅量，能容人所不能容。尝行田间，遇有窃其桑者，居仁则避之。乡里高其行义，率多化服。"

如果说以数字为姓氏比较稀罕的话，那么名字中出现数字，在过去就相当常见了。人人熟

 姓名

知的水浒英雄 108 将中，名字里有数字的就不少。男的有阮小二、阮小五、阮小七，女的有孙二娘、扈三娘。如果以数字顺序排列，我们可以看到以下的古今名人：

朱一新（清学者）、马一浮（哲学家）；

刘二祖（金末义军领袖）、高二适（文学家）；

吴三桂（明末将领）、马三立（相声表演艺术家）；

李四光（地质学家）、钱宾四（哲学家）；

胡五峰（南宋学者）、李润五（北京市副市长）；

刘六符（辽大臣）、叶六桐（明戏曲家）；

刘七（明末义军领袖）、吴七云（清大臣）；

朱重八（明太祖朱元璋小名）、吴八月（清湘黔苗民义军领袖）；

张九龄（唐大臣、诗人）、赵九章（数学家）；

王十朋（南宋学者）、程十发（画家）；

李百药（唐初史学家）、蒋百里（现代军事学家）、沙千里（民主人士）；

杨万里（南宋诗人）、胡万春（作家）。

以数字命名取字，各人的立意千差万别，但亦可划分为几大类型。

第一，表示排行。这是最基本、最浅显的一类。像上面所举阮氏三兄弟的名字，就是依此而来。

第二，表明出生时的体重。鲁迅小说《风波》里有一位九斤老太，她的孙子叫七斤，曾孙女叫

图 3-3 常遇春

六斤,这里的"九斤""七斤""六斤",分别是各人出生时的体重。这就难怪老太太要时常抱怨"一代不如一代"了。

第三,记录出生时父母年龄之和。据近代学者俞樾在《春在堂随笔》中考证,此风习大约从宋代开始。例如:丈夫二十四岁、妻子二十二岁时所生小孩,便取名四六;丈夫二十三、妻子二十二时所生小孩,也可取名五九,因为五与九之积为四十五,正好是父母年龄之和。俞樾还考证出,明代开国元勋、开平王常遇春【图 3-3】的曾祖名四三,祖父名重五,父亲名六六,东瓯王汤和的曾祖名五一,祖父名六一,父亲名七一,这些名字的意思,都是孩子出生时父母年龄的和数。

第四,表达志向。唐代诗人高适,善作边塞诗,其诗既富有苍凉悲壮的音调,又不乏昂扬奋发的色彩,素为后人称道。现代文学家高二适的名字,十分明显地表露出主人对先贤的倾慕之情与继承之志。这与李慕白、郑思玄等名字的立意完全相通,不过更有俗中见雅的趣味。又如著名地质学家李四光,本名仲揆。十四岁那年赴日留学,填护照表格时一不小心,在姓名一栏里错填了年龄。他花不起钱再买一张表,只好勉强把"十"字改成"李"。但"李四"太不好听,他又动起脑筋,想到《尚书·尧典》里的一句"光被四表",意思

积极向上,而且气魄宏大,于是再加一"光"字。这便是李四光名字的由来。

第五,运用典故。这是极高雅的一类,在文化人中比较多见。以"三"为例,就有三立、三省、三畏等。

古人有"立德、立功、立言"的"三立"之说,于是以"三立"为名便颇受青睐,除马三立,还有近代诗人、陈寅恪的父亲陈三立。

《论语·学而》中曾子说:"吾日三省吾身:为人谋而不忠乎?与朋友交而不信乎?传不习乎?""三省",从此成了知识分子加强自身修养的经典表达。宋元之际的史学家胡三省之名,便是由此而来。解放战争中被俘、后为爱国民主人士的国民党将领蔡省三之名,也源同此典。

《论语·季氏》记孔子言:"君子有三畏:畏天命,畏大人,畏圣人之言。小人不知天命而不畏也,狎大人,侮圣人之言。"是否"三畏",关乎君子、小人之别,能不慎乎?所以有清代画家,名李三畏。

除了"三",其他与数字有关的典故,也是文化人取名的依据。国学大师钱穆,字宾四。他的两个弟弟,一位名艺,字漱六;一位名文,字起八。兄弟三人的字中分别有四、六、八三个数字,与名相配,均含有典雅之深意。先看"宾四"。儒学讲究"四行"(仁、义、礼、智)、"四勿"(非礼勿视、非礼勿听、非礼勿言、非礼勿动）、"四教"（文、行、忠、信）、"四德"（孝、悌、忠、信）。"宾四"，意为服从、归顺"四行""四勿""四教""四德"。做到这一切，便符合"穆"的内涵：和谐，美好，恭敬，纯厚，幽远。再看"漱六"。儒学注重研讨"六艺"，即礼、乐、射、御、书、数。漱，有吸纳之意。晋人陆机《文赋》中有"倾群言之沥液，漱六艺之芳润"的名句，这便是钱艺"漱六"之字所本。再看"起八"。唐代大儒韩愈，力反六朝以来专事雕琢的骈偶浮艳文风，提倡散体，与柳宗元一道，倡导古文运动。韩愈身体力行自己的文学主张，他的散文，"惟陈言之务去"，新颖、明快、生动，对后世影响极大，苏轼曾高度赞誉他"文起八代之衰"。钱文字"起八"，依据正在于此。

从以上分析可以看出，用数字来命名，意义易显两端，不是极俗，就是大雅，运用之妙，存乎一心。了解相关的知识，对于我们阅读古代典籍，学习历史文化，特别是认识姓名与中国语文的关系，还是很有帮助的。

第二节　姓名字形

汉字的字形特征，一在笔画（点、横、直、钩、撇、捺），二在部件（偏旁部首）。二者的变化，演成汉字数以万计的生动形态。讨论姓名文化时，引入字形问题，不仅丰富了欣赏兴趣，而且还提升了学术品位。

清人李汝珍《镜花缘》第八十六回，记录了玉儿讲的一则笑话：

有一家姓王，兄弟八个，求人替起名字，并求替起绰号。所起名字，还要形象不离本姓。一日，有人替他起道：第一个，王字头上加一点，名唤王主，绰号叫做"硬出头的王大"；第二个，王字身旁加一点，名唤王玉，绰号叫做"偷酒壶的王二"；第三个，就叫王三，绰号叫做"没良心的王三"；第四个,名唤王丰,绰号叫做"扛铁枪的王四";第五个,就叫王五,绰号叫做"硬拐弯的王五";第六个,名唤王壬,绰号叫做"歪脑袋的王六";第七个,名唤王毛,绰号叫做"拖尾巴的王七";第八个,名唤王全,这个"全"字本归入部,并非人字,所以王全的绰号叫做"不成人的王八"。

既然是笑话,也就不能当真看。实际生活中,没有哪家兄弟会这样起名。不过,它倒是非常生动地集中展示了中国人的姓名因字形而变化的丰富性、趣味性。

姓氏用字的笔画,在涉及人名的许多场合,都会发生作用。相传林则徐自备人名簿四册,分题千、古、江、山四字。凡姓之第一笔为撇者入"千"簿,第一笔为横者入"古"簿,第一笔为点者入"江"簿,第一笔为直者入"山"簿。这种按笔画来排列人名的办法,今天依然通用。在各种各样的名单上,我们都可以发现这种字样——"依姓氏笔画为序"。笔画少的在前,笔画多的在后,相同笔画的,则按横、直、撇、点折排列。

汉字结构本身的千姿百态,所以姓名字体的离合也就演化出许多脍炙人口的故事。

某日,有潘、何两家联姻。喜宴上,有人送上一副贺联:

中华文化元素 姓名

有水有田方有米,

添人添口便添丁。

贺联用拆字法,将潘、何两字分离为水、田、米、人、口、丁,又将它们巧妙地组织成对仗工整的两句话,表达了对新人及其家族的美好祝愿,其机智,其善意,足堪称道。

历史记载说,武则天临朝称制时,徐敬业起兵造反。徐"令骆宾王画计,取裴炎同起事"。骆宾王便编了一首歌谣,教孩童传唱:"一片火,两片火,绯衣小儿当殿坐。"暗喻中书令裴炎已经与徐敬业合谋造反。类似的歌谣也传播于唐末黄巢起义之时:"欲知圣人姓,田八二十一;欲知圣人名,果头三屈律。"

解析姓名用字的笔画结构,既可以表示祝福、祈愿,也可以表示诅咒。

东汉末年,社会动荡。董卓挟持天子,滥施淫威,暴虐无道,草菅人命,百姓恨之入骨,传民谣曰:"千里草,何青青,十日卜,犹不生。"这里的"千里草",乃析"董"为句,"十日卜",乃析"卓"为句。暗无天日下的民众,用这种曲折的方式,来诅咒乱臣贼子。民心难违,失道寡助的董卓,果然死于刀斧之下,暴尸于市。人们还不解恨,见其尸肥硕,更将灯芯"置卓脐中以为灯,光明达旦,如是积日"。(西晋陈

寿《三国志·董卓传》）

汉末的董卓得罪了天下的百姓，终不得善终。但清代的某尹姓者，仅仅得罪了朋友，也令自己的姓氏蒙辱，就多少有点"冤枉"了——

顺治间，吴中有尹姓者，得罪于友，友作尹字谣以嘲之，云："伊无人，羊口是其群。斩头笋，灭口君，缩尾便成丑，直脚半开门。一根长轿杠，打个死尸灵。"①

这位"友"，因一时不高兴，便拿对方的姓氏开刀。如果仅仅是一时火起，图个嘴巴快活，倒也可以理解。如真的耿耿于怀，甚至从此记恨所有尹姓，斩头灭口，杠打死尸，那就太过分了。

从上面的叙述中，读者可能会产生这样的感觉：字形结构的分合，恰似一道道关于姓名的谜语。换言之，掌握文字学方面的知识，可以帮助我们破译一些长久不得其真相的历史谜团。事实也确实如此。

研究历史地理、民俗文化的学者，都十分重视《越绝书》的价值。但是，《越绝书》的作者是谁，却长期存在疑问。作者未能确定，在很大程度上影响了对《越绝书》价值的认定以及相关研究的深入。直到明代，才由杨慎解开了它的作者之谜：原来，该书作者的姓名，就隐藏在《越

① 徐珂：《清稗类钞》第五册，北京：中华书局，2010年，第2141页。

绝书》的最后一卷之中!

《越绝书》卷十五载:

> 记陈厥说,略有其人。以去为姓,得衣乃成。厥名有米,覆之以庚。禹来东征,死葬其疆。不直自斥,托类自明。写精露愚,略以事类,俟告后人。文属辞定,自于邦贤。邦贤以口为姓,丞之以天,楚相屈原,与之同名。

在这段话里,"以去为姓,得衣乃成",即"袁";"厥名有米,覆之以庚",即"康";"禹来东征,死葬其疆",指袁康的籍贯为浙江会稽。"文属辞定,自于邦贤",说明该书还有一个定稿者。他是谁?"以口为姓,丞之以天",即"吴";"楚相屈原,与之同名",即"平"。袁康的合作者就是吴平。这一破译得到了学坛的首肯,所以到清乾隆年间,纪昀【图3-4】的《四库全书总目》明确认定《越绝书》"为会稽袁康所作,同郡吴平所定也"。

论及姓名的字形,还有一个问题不可不提,那就是书写方式的影响。中国古代,汉字的书写是从上往下,如不注意,上下两字便会"粘联",也会带来姓名的错乱。这方面一个有名的例子是,战国时代赵国的左师触龙,长期被误认为触詟。

图 3-4 纪昀

 姓名

本来,西汉司马迁《史记·赵世家》中即有"左师触龙言愿见太后"的记录。但在《战国策·赵策》中,居上的"龙"和其下的"言"合成了一个字"詟",于是同一件事情成了"左师触詟愿见太后"。清人王念孙曾据《史记》订正,但未得公认。直到长沙马王堆出土了《战国纵横家书》,上面清清楚楚作"触龙言",这才平息了一段千年公案。

每个汉字都有部首、笔画,所以每个人的姓名,都可以从字形方面分析出种种"故事",民间有的算命先生就是这样做的。我们当然不会去相信他们的迷信邪说。不过,如果立足于古文字学的科学基础,认真地从姓名用字的字形结构、笔画方面开动脑筋,倒是有助于我们取出一个高雅的、有品位的名字。例如,分析自己的姓氏用字的笔画结构,从中开启命名取字的思路,就是值得推荐的取名方法之一。正如学者萧遥天所论,"中国人的名字多彩多姿,在技巧上运用字体的分合,迎合群众的好奇心理,也为使人印象深刻的好办法"。[1]他还分类列举了几类例证。现援引并补充如下:

1. 名为姓的省文

伊尹(商初大臣,助汤攻灭夏桀)、陈东(历史上有两个陈东,一个是北宋太学生运动的领袖,主张抗金,为高宗所杀;另一个是明代世宗年间

---

[1] 萧遥天:《中国人名的研究》,北京:国际文化出版公司,1987年,第114页。

勾结倭寇骚扰东南沿海的汉奸）、阮元（清代名儒，有多种著作传世）、盛成、张弓（现代作家）、聂耳（音乐家）。

依此规则，还有李木、刘文、何可、周吉、秦禾等。

2. 名为姓的增文

王匡（新莽末年有两个王匡，恰是对头。一是义军首领；一是王莽侄儿，镇压赤眉、绿林，被俘杀）、林森（近代政治家，曾任"中华民国"国民政府主席）、于吁（国民党元老于右任曾用的笔名）。

依此规则，还有马骏、田畴、白泉、金锴、丁宁等。

3. 名为姓的分支

舒舍予（作家老舍原名）、许午言（报馆主笔许泪痕的笔名）、雷雨田（漫画家）、张长弓（作家）。

依此规则，还有孟子皿、罗四夕等。

第三节 姓名读音

在书面交往中,正确辨别姓名的"形"是首要环节。而在语言交往中,正确读出姓名的"音",则是基本要求。实际生活中,"叫出"某人姓名的场合比"写出"其姓名多得多。所以,研究姓名的读音,很有必要。

首先应该明白的是某些姓氏的特定读音。

西汉刘向《战国策》里记载了这样的故事:魏国将领乐羊,奉命率兵进攻中山。中山国将乐羊的儿子扣为人质,企图以此来阻止魏军。但乐羊不为所动,中山人残忍地杀死乐羊之子,煮成汤送往魏军营中。乐羊含泪而饮,挥师奋击,大获全胜。这个故事里主人公的姓,不可读作lè,而应读作yuè。

战国末年,秦国有一个宦官嫪毐。他虽为阉人,但因受太后宠信,八面威风,豢养食客上千人，受封长信侯。公元前238年，21岁的秦王政（即后来的秦始皇）举行冠礼，准备亲政。嫪毐发动叛乱，兵败被处死。"嫪"，做姓氏时本应读作miào，但在这里却要读作lào。"毐"，比"毒"字少一横，意思是男子品行不端，读音为ǎi。

明朝永乐年间，诞生了中国古代规模最大的类书《永乐大典》。全书共22937卷，装成11095册，总字数达3.7亿字之多。这一浩大文化工程的主持者，是才气横溢、刚直不阿的翰林学士兼右春坊大学士解缙。"解"在这里用作姓氏时，不可读作jiě，而应该读作xiè。

明代有一位著名画家仇英，擅画人物，尤长仕女，彩墨、水墨、白描诸法俱佳，与沈周、文徵明、唐寅并称"明四家"。20世纪60年代，我国乒乓球队有一位女国手仇宝琴，排名世界前列。"仇"在这里要读qiú，而不能读作chóu。

隋末农民起义军瓦岗军中，有一员猛将单雄信。如今北京首钢篮球队里，有一位前锋单涛。"单"作为姓氏，必须读作shàn，而绝不能读作dān。

在复姓中，特殊读音就更多了。万世唾骂的奸佞秦桧陷害忠良岳飞【图3-5】时，有一个头号帮凶万俟卨。此人曾提点湖北刑狱，与当时任荆湖宣使抚的岳飞不和。秦桧等人罗织罪名诬

图 3-5 岳飞

陷岳飞，他也乘机报复，向高宗弹劾岳飞"稽违诏旨，不以时发""沮丧士气，动摇民心"。岳飞下狱后，他主持审讯，深文周纳，严刑逼供，直至将岳飞父子害死，铸成千古奇冤。万俟是复姓，读作 mò qí，卨是名，读作 xiè。万俟姓出自拓跋氏，为鲜卑族，北齐时代有万俟普、万俟洛父子，文治武功，俱有佳绩。

公元 626 年，李世民发动"玄武门之变"，从兄长李建成手中夺得大唐帝位。政变的决策者之一是长孙无忌【图 3-6】。长孙无忌的妹妹嫁给李世民，即后来有名的长孙皇后。长孙无忌便以皇亲和元勋的双重身份，在唐初政治舞台上扮

图 3-6 长孙无忌

演着举足轻重的角色。长孙,作为姓氏,应读作 zhǎng sūn,而不可读作 cháng sūn。长孙氏源自代北鲜卑部,为后魏献文帝第三兄拓跋嵩之后。孝文帝时,以拓跋氏为魏朝皇族宗室长门,改姓为长孙氏。

同样在"玄武门之变"中,力助秦王李世民夺得帝位的,还有大将尉迟恭。李世民登基后,欲将女儿许配于他,但他以"糟糠之妻不下堂"作复,谢绝皇上的美意,素为世人称道。尉迟是复姓,读作 yù chí。这一姓氏也是源于鲜卑族。

名字与姓氏相比,涉及的汉字要多出许多

 姓名

倍,所以特殊读音的问题就更加复杂。

《尚书》里有一篇《皋陶谟》,相传为皋陶和夏禹在虞舜前对话,皋陶讲述施政计谋之书。皋陶,据说是东夷族的首领,曾被虞舜委任掌管刑法。他名字里的"陶"字,应读作 yáo。

春秋时期,墨家学派的创始人墨子,名翟。"翟"字用作姓氏时,应读 zhái,而在这里却要读作 dí。

孔子有一个得意弟子,复姓南宫,名适。孔子称赞他:"邦有道,不废;邦无道,免于刑戮。"还把自己的侄女许配给他。"适"在这里应读作 kuò。同样的道理,唐德宗李适之"适",也应该读作 kuò。

汉高祖刘邦打天下,得到许多谋士的辅佐。其中有一人叫郦食其。郦食其献计攻克陈留,封广野君。楚汉战争中,郦食其游说齐王田广归汉,韩信却乘机偷袭,齐王大怒,以为被出卖,将郦食其烹死。与郦同时代,有一位同名的审食其。他与刘邦是老乡,又与吕后共患难过,被封为辟阳侯。吕后当政时,他任左丞相,权势极大。文帝即位后被免职,后被淮南王刘长所杀。这两位死于非命者,名字的读音同样特殊,不能读"食其"的本音,而要读作 yì jī。

汉武帝时,有一位大臣金日䃅。他本是匈奴休屠王太子,后随昆邪王归汉,深得武帝信赖。

昭帝即位，他与霍光、桑弘羊等同受遗诏辅政。金日䃅的名字很"怪"，"䃅"字音 dī，意思是产于琅琊、可用来染丝织品的黑石；"日"字虽说人人都认得，但在这里的读音却是 mì。所以，他的名字要读作 jīn mì dī。

著《汉书》的东汉大史学家班固，有个才华超群的妹妹班昭。班固去世时，《汉书》的八表及《天文志》尚未完成。班昭奉旨续撰，以成完璧。和帝时，学识渊博的她还担任了皇后及贵人的教师，和帝赐给她"大家"的称号。班昭的丈夫是曹世叔，所以人们又称她"曹大家"。大家要注意的是，"大家"在这里应读作 dà gū。

唐肃宗时代，出现了一位文字学家、书法家李阳冰。他工篆书，变化开合，自成风格。"冰"字一点儿也不生僻，但在这里却很特别，它不能读作 bīng，而要读作 níng。对此东汉许慎《说文解字》解释："凝，俗冰。"清代文字训诂学家段玉裁又注道："经典凡凝字皆冰之变也。"

以上说的是已有定论的名字的特殊读音。饶有兴味的是，有一些古人的名字，究竟如何读法，在专家们那里还有争论，可以作为学术探讨的问题。

北宋著名婉约派词人秦观【图 3-7】，原字太虚，后改字少游。他是苏轼的学生和妹夫，有"纤云弄巧，飞星传恨，银汉迢迢暗度……两情

姓名

图 3-7 秦观

若是久长时,又岂在朝朝暮暮"等名句传世。他的名字里,"观""少"二字都不止一种读音,于是产生分歧。有人认为,"少游"之"少",应读作 shǎo,而不能读作 shào。其根据是秦观曾在自述中检讨"往吾少时……好大而见奇""今吾年至而虑易,不待蹈险而悔及之,愿还四方之事,归老邑里",像汉代的马少游一样,"于是字以少游,以识吾过"。语言文字学家吴小如先生不同意这一看法。他认为，秦观改字在公元1086年，时年38，已步入中年，但这不等于说由于自己年轻"游"得太"少"才改字的。他怀疑上述论者并不知马少游其人，误以为秦观说自己青年时像马少游一样很少出游，"才断言读去声为误而主张读'少'为上声的"。吴先生又进一步提出旁证：秦观有两个弟弟，一字少章，一字少仪，都与苏轼、黄庭坚关系不错。"少章"和"少仪"恐怕都不能解释为"缺少文采"和"缺少仪容"，所以应该读去声。"秦观的名和字都与两弟并列，名皆从'见'旁，字皆嵌'少'字，岂有两弟之字中的'少'读去声而'少游'之'少'独作上声读乎？"

吴先生从秦观的"字"联想到他的名，认为"观"应读去声 guàn，而不读平声 guān。陆游字务观，就源于秦观之字少游。当时曾有人误读"务观"之"观"为平声，陆游便在自己的诗句里予以嘲笑，由此可见，"观"必读去声。

辨别了秦观名与字的读音，吴先生意犹未尽，又联想到西汉辞赋家司马相如名字的读音。司马相如字长卿，"相"和"长"都是多音字，在这里该怎么读呢？吴先生认为，古人的名与字是有关联的。"卿""相"皆官职之称，名"相"而字"卿"，这个"相"自应读去声 xiàng，而不可读平声 xiāng。至于"长卿"的"长"，则必读

上声无疑。他提出一则依据：唐人杜甫《赠陈二补阙》诗"献纳开东观，君王问长卿"句中的"长"如果读成"长短"的 cháng，则不合五言近体格律，犯了"失粘"的诗家大忌。以此类推，公冶长、司马子长、关云长的"长"，都应读上声才对。特别是唐代诗人刘长卿，"长"肯定应读上声，因为他的名字和司马长卿是一样的。（见《光明日报》1996 年 7 月 13 日）

以上讨论的是怎样正确读出别人的姓名。下面，我们再研究怎样为自己或家人取一个"好听""好叫"的名字。这就涉及汉语音韵学的一些基本常识。

汉语的语音系统别具一格，既有声、韵的区别，又有调的转折，还有平仄的讲究。博大精深的内容无法在这里详细展开，只能就最基本的规则略做介绍。

每一个汉字的音节都由声母和韵母两部分组成。以王字为例，读音 wáng，前面的 w 是声母，后面的 ang 是韵母。同样读 wang 的许许多多字，又因语音的高低、升降、长短不同而形成调的转折，于是就有了汪、王、往、忘四个声调（阴平、阳平、上声、去声）的区分。四个声调的区分古代就有，即平声、上声、去声、入声。特别要说明的是，古汉语的四声与今天普通话的四声不完全一样。古代的平声分化为普通话的阴平和阳平，上声有一部分在普通话里变为去声。去声古今大致相同。最复杂的是入声，这是一个短促的调子，今天在北方和西南方的大部分口语里已经消失了。北方的入声字，分别变成了阴平、阳平、上声、去声。就普通话来说，变为去声的最多，其次是阳平，变为上声的最少。在西南方言（从湖北到云南）里，入声字一律变成了阳平。知道了四声，平仄就好懂了。平就是平声，仄就是上、去、入三声。为什么要区分平仄呢？因为平声是没有升降的，较长的，而其他三声是有升降的，较短的。它们形成了两大类型，如果让这两类声调交错出现，就能收到抑扬顿挫的音乐效果，而不至于单调乏味。

明白了以上的规律，我们再来讨论姓名的读音问题，就比较容易说清楚了。

首先，应该避免"双声""叠韵"的出现。双声，即两个字同声母；叠韵，即两个字同韵母。汉语中本来有许多这样的词汇，如踟蹰、参差、犹豫、亲戚、珍珠（双声）；窈窕、须臾、贪婪、刚强、光芒（叠韵），等等。一来这已是约定俗成，二来它们出现在较长的文句中，可以收到特殊的音调和修辞效果，当然不存在是否适宜的问题。但在姓名中就不一样了。一则姓名很短，一般两三字，最多四字，再出现双声、叠韵，发音显然太单调。二则名字由各人选取，有充分的自由，

并不受现成词汇的限制,所以完全应该而且有可能避开它。例如易翼友、胡鸿华、冉瑞如等名字,意思都不错,但可惜均犯了双声的毛病。又如邓衡声、吴慕甫、叶铁捷等名字,立意也很好,但可惜却触上了叠韵的暗礁。这些姓名之所以特别难读,是因为前一组不但名字是双声,而且姓也与名同声母。而后一组不但名字是叠韵,而且姓也与名同韵母。笔者杜撰出这些比较"怪"的例证,是为了更清楚地说明双声、叠韵字的确拗口难读,同时也是强调,假如因为某种特殊原因,在名字的双声、叠韵不可更改的情况下,一定要注意避免姓与名的同声、同韵。

其次,在姓名声调的搭配上,不要全取平声字,也不要全取仄声字。按普通话的音调来讲,则最好不要用清一色的阴平、阳平,或者清一色的上声、去声。著名电影演员王丹凤,原来叫王玉凤。她到合众电影公司时,接受导演朱石麟的建议,改为现名。显而易见,丹凤比玉凤要好得多。好在什么地方呢?只要分析这三个字的平仄关系,就一清二楚了。"玉""凤",都是去声,连在一起读,比较平淡;而"丹""凤",前者是阴平,后者是去声,连在一起读,十分响亮、悦耳。再举几个杜撰的例子:汪中波、冯涵谊、许蜀美、路俊义这几个姓名,字面意义都不错,但叫起来却觉得缺乏婉转抑扬的音调变化,没有音乐的美感。原因就在它们分别是清一色的阴平、阳平、上声、去声。特别是冯涵谊和许蜀美，不仅声调低迷，而且发音滞碍，听的人听不清楚，叫的人还挺费力。所以，从音乐美的角度考虑，取名时应当注意避免音调的雷同，尤其不要全部选用阳平和上声字。

最后，在选择姓名用字时，要考虑谐音关系，尽量避免由于谐音而带来不雅致、不愉快的客观效果。请看一个真实的例证：

明代嘉靖二十三年（1544）甲辰科，经过殿试，阅卷大臣将江苏无锡籍的进士吴情定为状元，并报告到皇上那里。世宗很不高兴："吴，无音同，无情之人岂能居榜首？"大臣们请示该怎么办。世宗说，昨夜做梦，闻西北方有雷声，此为状元出在西北的征兆。阅卷官赶紧查阅试卷，居然真找出一名"秦鸣雷"者。秦，地在陕西，正合世宗所梦。于是，将其拔为状元，吴情只屈居探花。时人评曰："无情举子无情帝，鸣雷只好拣便宜。"①

比吴情更冤枉的是清人王揆：

> 太仓王揆，烟客次子也，中顺治乙未进士。馆选日，某相欲荐之居首，及闻胪唱，"揆"字与"魁"音近，世祖曰："是负心王魁耶？"盖小说家有王魁负桂英女事也。某相遂默然而止。②

---

① 莫雁诗，黄明，等：《中国状元谱》，广州：广州出版社，1993年，第247页。
② 徐珂：《清稗类钞》第五册，北京：中华书局，2010年，第2149页。

原来，负心郎王魁是当时家喻户晓的反面角色。忘恩负义之人，岂可居状元之位？可怜的王揆，最后只落入第三甲。

汉语里同音字极多，有些同音节的字数量竟以百计。同音的字，意义往往相隔天壤。例如奋与粪、实与屎、思与死等等，如果疏忽了谐音问题，取名朱奋、刘实、邓思，显然就大不适宜了。还有的字，本身的音、义都无可挑剔，但是在某种特殊的语音组合里，效果却很糟糕。《红楼梦》里有两个小人物卜世仁、詹光。单看"世""仁""光"，都是不错的字眼。可是一与"卜""詹"连读，立即产生出"不是人""沾光"的可笑谐音后果。语言大师曹雪芹是故意如此命名，来讽刺挖苦这两个宵小之徒的。这正好用艺术的笔法告诉我们，取名时考虑谐音关系，是一个不该忽略的重要问题，不可马马虎虎，掉以轻心。

第四章　姓名伦理

　　从一定意义上说,中华文化是一种伦理文化。植根于宗法社会基础的伦理道德,强烈而持久地左右着人们的社会心理。以维系社会成员血缘纽带为职志的伦理观念及其理论形态,构成中华文化意识形态系统的核心。中华文化的这一特点,在姓名中有充分体现。

第一节　排行论辈

在宗法制度下、宗族组织中，辈分有特别重要的意义。其原始依据是周代严格祭祀制度中的昭穆制。《礼记·王制》载："天子七庙，三昭三穆，与太祖之庙而七。"这里说的是宗庙或墓地的场面格局：太祖居中，以下逐代分列左右，昭辈（二、四、六世）居左，穆辈（三、五、七世）居右，严格有序。这种格局，是用来分别宗族内部的长幼和亲疏，亦即《周礼·春官·小宗伯》所谓"辨庙祧之昭穆"。"昭穆"后来被泛指家族的辈分。区分辈分的最好方式，是在人们的名字中直接体现出来。这就导致日后中国人名字的一个显著特点：不同辈分的人，名字体现出纵向的、前后相继的关系；相同辈分的人，名字体现出横向的、平行配合的关系。两者共同构成中国人姓名特有的辈行现象。

 中华文化元素 **姓名**

不同辈分的人,一般通过名字中不同的、规定有严格次序的辈行用字,来体现出纵向的、前后相继的关系。

孔子【图4-1】家族是中国文化的最具代表性的家族,近人徐珂的《清稗类钞》记载:

> 曲阜孔氏为孔子之后,命名皆有字派,其迁徙他郡县者,但系孔子嫡传,亦必同

图4-1 曲阜孔庙孔子像

一字派。盖自元代之五十四代衍圣公名思晦者起,于是凡五十四代孙,均以思字为派,思字下为克字派,克字以下,则为希、言、公、彦、承、弘、闻、贞、尚、衍十派,再次则为兴、毓、传、继、广、昭、宪、庆、繁、祥十派,又次则为令、德、维、垂、佑、钦、绍、念、显、扬十派。①

1920年,第七十六代衍圣公孙孔令贻又在扬字以下再续二十字:建、道、敦、安、定、懋、修、肇、益、常、裕、文、焕、景、瑞、永、锡、世、绪、昌。

全国政协委员中,先后有三位孔子后裔,即孔祥祯、孔令朋、孔德懋。根据上列的辈行用字序列,人们可很方便地辨明他们三位分别是孔子的第七十五、七十六、七十七代孙。

曾参是孔子的得意门生,孟轲是孔儒之学的重要传人。他们在五湖四海的后代,也完全采纳孔氏家族的辈行系统,丝毫不乱。于是,"曾广某""曾昭某""曾宪某""孟庆某""孟繁某""孟祥某"等姓名,便到处可见了。

辈分用字有两个特点,一是它们都有积极、美好的意思,二是代与代的辈分用字之间存在一定的意义联系,有的还如同诗句,朗朗上口。

晚清洋务派的"殿军"人物张之洞,规定

① 徐珂:《清稗类钞》第五册,北京:中华书局,2010年,第2148页。

二十字为子孙辈行用字：

仁厚遵家法　忠良报国恩
通经为世用　明道守儒珍。

只要是略懂古典诗歌的人，都可以看出，这简直就是一首主旨鲜明的五言诗。

据《韶山毛氏族谱》记载，毛泽东所属的韶山毛氏，"渊源遵照老谱派接西江"。由于太早的谱系缺乏准确依据，《族谱》以毛太华为其始祖。"太华，元至正年间，避乱由江西吉州龙城迁云南之澜沧卫。娶王氏，生子八。明洪武十三年庚申（1380）以军功拨入楚省……侨居湘乡北门外绯紫桥十余年。开种韶山铁陂、乌塘、东塘等处。共田四百余亩。编为一甲民籍。"太华以下各代长子名清一、有恭、震、从文、珊。毛珊以后的第七代开始规定子孙的辈行用字：

立显荣朝士　文方运际祥
祖恩贻泽远　世代永承昌

由此序列可以推出，毛泽东是毛太华的第二十代孙。毛泽东的下一代为"远"字辈，即远仁、远义、远智，世人熟知的岸英、岸青、岸龙，则分别是他们的字。

清光绪七年（1881），韶山毛氏重修族谱，又续订二十字辈行：

孝友传家本　忠良振国光
起元敦圣学　风雅列明章

毛泽东的朋友、诗人萧三的先祖，可追溯到明朝万历年间的萧自朗。萧氏家族的辈行用字为如下排列：

自嗣宜百世　福庆永昌宁
常守仁义礼　智信绍贻经
克俭师先训　敦伦启后型

作家巴金，本名李尧棠。据族谱记载，李氏辈行为：

道尧国治　家庆泽长
勤修德业　世守书香

很显然，毛、萧、李三个家族的辈行用字系列，都可作为诗歌来诵读。而且，其主旨十分接近，都很强调忠、孝、节、义等儒家伦理的实现，兼及治国齐家、道德文章。

辈行用字的系列，既然蕴含一定的思想意

 姓名

义，就必然有其时代的痕迹。上引毛、萧、李三个家族的辈行，显然是传统时代的遗存。1977年，福建省福鼎县秦屿某村王氏重修家谱，新增辈行用字如下：

青缃欣再起　理性有根源
玉树联生茂　三槐俊秀贤
彦才诚宝贵　硕士必优先
民主新时代　和平喜盈添
祖泽垂千载　敦伦庆奕年[①]

"民主""和平"甚至"硕士""优先"等字样与"祖泽""敦伦"同时出现在辈行用字之中，实在是传统文化与现代文明的绝妙结合。

通过使用规定的字，在名字中标明某人在其家族中的辈行地位，有一个前提，即某人必须是双名。那么，对于单名者，辈行地位如何在名字中表现呢？汉字的特殊结构方式，为这一问题提供了解决的途径，即不同辈分的人，使用不同偏旁的字。《红楼梦》为我们显示了这方面的例证：

贾府里的第一代，选用"水"旁的字：贾演、贾源；

第二代，选用"人"旁的字：贾代化、贾代儒、贾代修；

第三代，选用"文"旁的字：贾敷、贾敬、

[①] 王泉根：《中国人名文化》，北京：团结出版社，2000年，第130页。

贾赦、贾政、贾敕、贾效、贾敦；

第四代，选用"玉"旁的字：贾珍、贾琏、贾珠、贾环、贾瑞、贾宝玉；

第五代，选用"草"头的字：贾蓉、贾兰、贾芸、贾芹。

使用规定的辈行字与使用相同偏旁的字，两种方式还可结合起来，形成更严整规范的名字序列。清皇室的命名，就是以这种严格的规则为依据的。从康熙皇帝【图4-2】开始，规定名字的第一字用辈行字，第二字用统一偏旁的字。雍正皇帝这一辈，名字的第一字为"胤"，第二字统一用"示"旁字。乾隆皇帝这一辈，第一字为"弘"，第二字统一用"日"旁字。乾隆还规定，"弘"以下，"永""绵""奕""载"四字为辈行字。道光帝又在"载"字后添"溥""毓""垣""启"四字。咸丰帝再添"焘""闿""增""祺"四字。清皇室福祚永继的设想。在"溥"字辈上被辛亥革命终结。其后，皇室后裔是否还严格按谱系命名就不太清楚了。①

相同辈分的人，一般通过名字中相同的字或者有明显共同特征的字，来体现横向的、平行配合的关系。这种命名的规范，历史久远。苏洵当年为儿子取名，就考虑到这一条。两个儿子的名字中都有一个"车"旁的字。他还专门为此写了一篇《名二子说》：

① 袁玉骝：《中国姓名学》，北京：光明日报出版社，1994年，第522页。

中华文化元素 姓名

图4-2 康熙皇帝

轮辐盖轸,皆有职乎车,而轼独无所为者。虽然,去轼则吾未见其为完车也。轼乎,吾惧汝之不外饰也。

天下之车,莫不由辙,而言车之功者,辙不与焉。虽然,车仆马毙,而患不及辙,是辙者,善处乎祸福之间也。辙乎,吾知免矣。①

① 张天龙:《万金家书》,北京:中国文联出版公司,1986年,第35页。

现代出版家、民主人士邹韬奋为孩子取名时选用"马"旁字。长子取名嘉骅，次子取名嘉骝，幼女取名嘉骊，合起来看，是邹家的"三匹好马"。三兄妹没有辜负父亲的期望。邹嘉骅后改名家华，曾任国务院副总理。邹嘉骝后改名竞蒙，曾任国家气象总局局长。邹嘉骊后改名加力，也是学业有成的专家。

同辈人的长幼关系，也可以通过名字显示于世。其方式，一是直接用表示长幼关系的用字系列，如伯、仲、叔、季等；二是兄弟、堂兄弟之间（在现代不太严格的情况下，也包括兄弟姐妹、堂兄弟姐妹之间），在辈行用字之外的用字，依长幼顺序，组成某一意义的表达。

中国古代以伯、仲、叔、季表示兄弟之间的顺序。孔子名丘，字仲尼，可见他排行老二。孔子的大儿子名鲤，字伯鱼。对古代人物，特别是春秋时期的人物，人们可以很容易地从他的名字中了解到他的排行。与此相类似的还有长、元、次、少、幼。汉代辞赋名家司马相如，字长卿。三国时入曹营一言不发的徐庶，字元直。这些字表明他们是家中的老大。

比上述方法更直白的，是以数字入名，表示长幼。《水浒传》里的阮氏三兄弟，分别叫小二、小五、小七。

直接用数字表示排行，有时会出现令人眼花

中华文化元素　姓名

缭乱的情形。白居易有一首诗,题目是《东南行一百韵寄通州元九侍御、澧州李十一舍人、果州崔二十二使君、开州韦大员外、庾三十二补阙、杜十四拾遗、李二十助教员外、窦七校书》。白居易的这首诗是写给元稹、李建、崔韶、韦处厚、庾敬休、杜元颖、李绅、窦巩八个人的。题目中的许许多多数字,则分别是这八个人的排行。排行怎么会到三十二?因为这里的排行不是指嫡亲兄弟,而是指同族堂兄弟之间的排行。在多子多福的传统大家族里,同辈人中有几十个兄弟,是一点也不奇怪的。这种以数字排行称人的习俗,唐代最为流行。

　　用某一有既定顺序的习语,为同辈人命名,也是体现长幼的通常方式之一。辛亥时期进步文学团体南社的成员高尔松,弟兄五人,为尔柏、尔栋、尔梁、尔材,合之为松柏栋梁材。笔者中学时代有一杨姓同学,在其家族中为"承"字辈。因出生在20世纪50年代抗美援朝时期,四个兄弟分别以"保""家""卫""国"命名。电视剧《篱笆·女人与狗》中的三兄弟,名分别为金锁、银锁、铜锁。此外,我们还看到有人家以"岁寒三友"松、竹、梅,"三才"天、地、人,"三光"日、月、星,"四季"春、夏、秋、冬,"五行"金、木、水、火、土为同辈人命名的。这样的名字,不管人们认为它们是俗还是雅,其鲜明的中国文化特色,是没有疑问的。

第二节 论祖归宗

　　同一姓氏之下，往往繁衍出许多的分支。如果说姓是这些分支的"公名"，那么，各分支还有自己的"私名"，即"堂号"。堂号，在家族生活中居极为重要的地位。"堂号应当是指某一姓氏中某一支派群体的代称，它是区分同一姓氏中不同血亲关系的重要标志，也是追宗溯祖的主要依据"。①

　　堂，本是对建筑式样的称呼。但是，我们这里讨论的堂号，不是某一具体建筑的名称，如中南海怀仁堂、北京人民大会堂，而是特殊人群——某姓某支的代称。在中国古代社会，同姓共祖的亲属往往聚居在一处，一来便于相互帮助，二来也可显示家族的兴旺与和睦。随着时间的推移，族人日多，或迁徙，或分支。为表明世系的渊源，某房、某支、某派的同一祖先的族人，便用同堂

①顾燕:《家谱堂号探析》，王鹤鸣，等主编《中国谱牒研究》，上海：上海古籍出版社，1999年，第194页。

兄弟的"堂"的含义,在姓氏前用"某某堂"来加以区别,这就是"堂号"。

堂号的命名规则,大致有以下几类:

1. 以地望命名

地望,也称郡望。北宋《新唐书·高俭传赞》的一段赞语,专门论到郡望与姓氏和家族谱系之间的关系:"古者受姓受氏以旌有功,是时人皆土著,故名宗望姓,举郡国自表,而谱学兴焉,所以推知昭穆,使百代不相乱也。遭晋播迁,胡丑乱华,百宗荡析,士去坟墓,子孙犹挟系录,以示所承。"

魏晋之后,门阀世族的威风不再,但是历史上曾经是豪门大族的后裔,仍然喜好以某位杰出的同姓先祖的地望来命名堂号。这一类的例证有李氏"陇西堂"、王氏"太原堂"、张氏"清河堂"、刘氏"彭城堂"、杨氏"弘农堂"、赵氏"天水堂"、周氏"汝南堂"、徐氏"东海堂"、胡氏"安定堂",等等。

2. 以先祖的名号、事迹命名

东汉名将冯异,辅佐光武帝平定天下,人称"大树将军"。冯氏于是有"大树堂"。东汉东莱太守杨震,为人正直,为官清廉。有人于深夜"怀金十斤"行贿,被拒绝。行贿者不死心,称"暮夜无知者"。杨震回答:"天知,神知,我知,子知,何谓无知?"(《后汉书·杨震传》)来人羞愧而退。

后人为先祖的美德而自豪,所以有"四知堂"。晋代文学家陶渊明,在居所前后植柳树五株,自号"五柳先生"。陶姓后代的一支,就以"五柳堂"为堂号。唐代诗人孟浩然,其名源于孟子"吾善养吾浩然之气"的名句。孟氏的后人,因此而有"浩然堂"。宋代理学家程颢【图4-3】、程颐【图4-4】,道德文章传颂于世,人称"二贤",于是程氏后裔有"二贤堂"。

3. 以先祖的著述名篇命名

儒家创始人孔子"述而不作",整理"六经",并以之作为教材,传授弟子。孔氏后裔的一支,即以"诗礼堂"为堂号。北宋大儒周敦颐,有《爱莲说》名篇传世,以赞美莲花"出淤泥而不染,濯清涟而不妖"的品质,寄寓高尚的人格理想。周氏后代,于是有"爱莲堂"。民族英雄文天祥,抗元兵败被俘,在狱中作《正气歌》:"是气所磅

◀ 图4-3 程颢
▶ 图4-4 程颐

礴,凛烈万古存。当其贯日月,生死安足论!"气节风骨,万代留芳。文氏传人,因而有"正气堂"。

4.以传统伦理纲常的基本概念命名

以上三种堂名的命名规则,都与本姓的历史有关,所以个性鲜明,很少出现雷同。与它们不同的另一种堂名命名规则,是以传统伦理纲常的基本概念如敦、笃、本、孝、忠、德、睦等为构成材料。因为选字范围相对狭窄,这一类堂名重复现象非常严重。据学者在一定范围内统计,以"敦本堂"为堂号的有61姓,以"敦睦堂"为堂号的有48姓,以"敦伦堂"为堂号的有39姓,此外还有"永思堂"41姓,"世德堂"33姓,"崇本堂"31姓,"孝思堂"23姓。这在很大程度上削弱了堂名的氏族"私名"功能。

作为姓氏支派的代称,堂名有如下社会功能:

1.辨亲缘

血缘亲情是中国人特别注重的人际关系纽带。同姓同宗,自然是亲上加亲。通过堂名,人们一可以辨别同姓是否同宗,例如辨认吴郡张氏、清河张氏、范阳张氏、敦煌张氏之间的区别;二可以分析异姓之间是否存在亲缘关系,例如闽粤一带的翁、洪、江、方、龚、汪六姓,都有使用"六桂堂"堂号的,据此可以推论出六姓均为翁氏传人的历史真相。

2. 明迁徙

由于自然灾害、疾病、战争等原因，中国历史上发生过多次人口迁徙。例如明永乐年间，就发生过朝廷迁徙山西人口充实京畿及川、陕、湖广地区的政府行为。民间也因此有"要问祖先来何处，洪洞城北大槐树"的寻根谣。对于很多因为年代久远、姓氏历史已面目不清的家族来说，堂号是他们辨明地域迁徙关系的重要线索和凭证。分布于苏、闽、湘、川、赣等省的陈姓，多有以"颍川堂"为堂名的。据此，可推出他们均发源于颍川郡（今河南许昌）。南北各地以及海外都有王姓奉"太原堂"为堂号，这表明他们的老家同是山西太原。

3. 行教化

在中国古代，对民众施行道德伦理的教化，是家族承担的重要社会责任。堂名的命名，要么根据本族先祖的嘉言懿行，要么根据伦理纲常的基本概念，都可作为对家族成员进行道德教化的好教材。"四知堂""浩然堂""正气堂"等，无疑是启发子孙良知的好题材。忠孝、敬爱、敦睦、崇德、承启、追远、思成、务本等堂名，也是教化后代待人接物、立身处世的基本守则。

根据不同堂号，可以辨别同姓者是否同宗。不同宗的同姓，很可能完全没有亲缘关系。这样

 姓名

的同姓,可以通过一种特殊的形式,来建立"虚拟"的同宗关系。即便是同宗的同姓,也可能因为历史原因而关系疏远。这样的同姓,则可以通过一种形式来恢复往日的亲近。另外,某些历史上有亲缘关系的异姓之间,也可以通过这一形式,来建立特别的亲密联系。这种形式,就是"辨姓联宗"。

关于同姓之间的联宗,《红楼梦》里有多处涉及。第二回"贾夫人仙逝扬州城,冷子兴演说荣国府"中写,在村肆中,冷子兴与贾雨村闲谈慢饮,谈到雨村与荣国府贾府的关系。雨村感叹:

> 自东汉贾复以来,支派繁盛,各省皆有,谁逐细考查得来?若论荣国一支,却是同谱。但他那等荣耀,我们不便去攀扯,至今故越发生疏难认了。

贾雨村虽然也是出身诗书仕宦之族,但"祖宗根基已尽",穷困潦倒。为了谋得生计,也就顾不得面子,听从冷子兴的建议,"央烦林如海,转向京都去央烦贾政"。他拿着宗侄的名帖,"至荣府的门前投了",见到贾政,果然奏效,"轻轻谋了一个复职候缺",不到两个月,"便择日上任去了"。

第六回"贾宝玉初试云雨情,刘姥姥一进荣

国府"写道,刘姥姥是狗儿的岳母,狗儿的父亲王成,便与荣国府王夫人有联宗的关系:

> 这小小之家,乃本地人氏,姓王,祖上曾作过小小的一个京官,昔年与凤姐之祖王夫人之父认识。因贪王家的势利,便联了宗认作侄儿。

这狗儿以务农为业,家境困窘。无奈之下,刘姥姥翻出"和金陵王家联过宗的老皇历,建议在多年不来往之后,去走动走动,或者他念旧,有些好处,也未可知。要是他发一点好心,拔一根寒毛比咱们的腰还粗呢"。于是,就有了刘姥姥的荣国府之行。

同姓之间的联宗,顾炎武称作"同姓通族""见于史者,自晋以前未有"。(顾炎武:《日知录》卷二十三《通谱》)对这种习俗,他的看法是:"近日同姓通谱最为滥杂,其实皆植党营私,为蠹国害民之事,宜严为之禁。欲合宗者,必上之于官,使谙悉古今者为之考定,岁终以达礼部,而奏类行之。其不请而私通者,屏之四裔,然后可革其弊。"顾炎武的看法,不仅在当时有针对性,而且对我们今天分析同类问题,也不失其参考价值。

关于异姓联宗,先看一则文献记载:

 姓名

> 海宁之陈，本出自渤海高氏，相国文简公官京朝时，尝与高文恪公士奇联谱，会都御史华野郭诱劾文恪怙宠纳贿，并指目文简交结状，得旨一并休致。文简奏辩："谓臣宗本出自高，谱牒炳然，若果臣交结士奇，何以士奇反称臣为叔？"事乃得白。①

这里说的是一桩"冤假错案"。都御史（检察官）检举内阁学士衔翰林院额外侍讲高士奇与陈文简关系不正常。具体地说，是高"怙宠纳贿"。康熙皇帝信以为真，下诏命高、陈二人退休回家。陈文简不服，上奏声辩，说自己虽姓陈，但是原出自高姓，这在谱牒上记得清清楚楚。所以，与高士奇"联谱"，是很正常的亲族往来，没有什么见不得人的。再说，如果真是高"怙宠纳贿"，哪有他反而称我为叔的道理呢？要知道，高士奇供奉内廷，入值南书房，为皇帝拟谕旨，讲学业，地位比我一个小小京官不知要高贵多少啊。康熙听陈文简讲得确实有理，于是收回成命，"事乃得白"。

在这件"冤假错案"中，检察官倒也不是蓄意栽赃陷害，而是不知道异姓之间竟然还会有如此亲密的关系，还可以"联谱"，所以才认认真真办了错事。

不同的姓氏之间存在特殊亲密关系的，当然

---

① 徐珂：《清稗类钞》第五册，北京：中华书局，2010年，第2141页。

不止陈、高两家。另据记载：

> 畲客之姓，以蓝、盆、雷、钟为同姓，同姓可以结婚，且可为异姓后嗣。彼等之言曰："我祖盘瓠，娶高辛氏第三公主，产三男一女，长盆姓，次蓝姓，三雷姓，婿钟姓也。"①

上面这则记载，依据的是上古传说。实际上，由于中国历史悠久，人口众多，各姓氏之间的关系复杂多样，相互之间的起承转合关系确实给人"剪不断，理还乱"的感觉。今天同是王姓的，就有出自周朝姬姓之王，商朝子姓之王，虞舜妫姓之王，此外还有少数民族中的王姓以及赐姓之王，②相互之间其实并无血缘关系。而今天不同姓氏的王、田、陈、姚，倒有可能数千年之前是一家。

今天王姓的源头之一，是春秋时代齐国的田姓。这个田姓的祖上，又可追溯到舜，所以血缘是妫姓。而且，正因为追溯到舜，于是又与陈姓发生联系。原来，周武王灭商后，封舜的后代胡公不淫为陈国君主。陈国被楚国灭后，国君公子完逃到齐国，改姓为田。为什么改姓田，史家说法不一。东汉应劭说："始食采地于田，由是改姓田氏。"但是南宋郑樵等认为"齐无田邑"，所以

---

① 徐珂：《清稗类钞》第五册，北京：中华书局，2010年，第2147页。
② 谢钧祥：《中华百家大姓源流》，郑州：中州古籍出版社，1996年，第7—8页。

应劭的说法不足信。另据唐人司马贞、张守节解释，公子完"既奔齐，不欲称本国故号""以陈、田二字声相近，遂以为田氏"。不过，依"以国为姓"的惯例，这田姓的后裔也仍然有以陈为姓的。公元前481年，田成子杀死简公，夺得齐国政权，这在历史上叫作"田氏代齐"。因为在古语系统里，"陈""田"音近、通用，所以这一事变也可称作"陈氏代齐"。经过这样一番梳理，就可看出田、陈、王都与舜的妫姓有血脉关系。加之舜生于姚墟，居于妫汭，其后裔还有姚、妫两姓，于是姚、妫、田、陈、王五姓，便是数千年前的一脉相传了。

如上所述，异姓之间的联宗，古已有之。今天，在海外华人中，这一活动尤其火热。例如，台湾有一个"全球董杨宗亲总会"，主事者认为，唐宋时代，董杨两姓就有联宗的历史。而更早的依据则是核之古籍，他们同源于姬姓。黄帝是姬姓，其后人叔安被封于蓼（今河南唐河），他有一个儿子学会了驯龙的本领，为舜驯养龙，赐姓董。这是董姓的由来。周宣王姬静的儿子尚父，被封于杨（今山西洪洞），号杨侯，其后代以邑为姓。这是杨姓的由来。

与董、杨联宗相仿的，还有二姓之间的柯、蔡联宗，曾、邱联宗，三姓之间的刘、唐、杜联宗，张、廖、简联宗，赖、罗、傅联宗，四姓之间的王、尤、游、沈联宗，五姓之间的余、徐、涂、佘、俞联宗，六姓之间的洪、江、翁、方、龚、汪联宗。"凡数姓联宗，都能从姓氏源流衍变化易的历史轨迹中找到血缘相系的根据，其好处是把睦亲敦宗的范围拓展至比同姓联宗更广泛"。[1]

对于现实生活中的辨姓联宗活动，应当作辩证的分析。一方面，从一定意义上讲，它对于增进中华民族的凝聚力，特别是海外华人寻根认祖，情系乡梓，共兴中华，是有其积极作用的；另一方面，如果有人利用它来挑起姓氏矛盾，危害安定团结，则是必须警惕和反对的。

[1] 完颜绍元:《赵钱孙李》，上海：上海古籍出版社，1994年，第30页。

第三节　男女有别

从相当的意义上讲，名字是人的社会角色的称谓。而人的社会角色的最简明区分，是男性与女性。于是，我们看到名字与性别之间饶有兴味的种种关联。

首先，是男性与女性在名字的构成和使用方面的区别。

王国维说："据殷人文字，则帝王之妣与母皆以日名，与先王同，诸侯以下之妣亦然。虽不敢谓殷以前无女姓之制，然女子不以姓称，固事实也。"（王国维《殷周制度论》）他认为女子称姓自周人始，胡厚宣反驳这种观点，称王国维"不知殷代无论男女，虽死后皆以甲乙为其祭祀之庙号，但其生前则皆自有其名。如前举子渔、子画之类，皆男子之名也。帚妌、帚好之类，皆女子之名，亦即姓也"。[①]李学勤赞成胡氏之说，但

[①] 胡厚宣：《殷代婚姻家族宗法生育制度考》，《甲骨学商史论丛》初集，齐鲁大学国学研究所，1944年，第12页。

妇字之下是名是姓，尚需讨论。他认为："商代甲骨、金文中罕见女姓，不能推断当时无女姓之制，只是在占卜和铭文场合不大应用罢了。"①

如果说在三代之时，女性虽有姓有名，但实际应用时多有名而无姓的话，那么到了理学大兴的宋明时代，在正式的社会交往语境中，女子又往往是有姓无名、甚至无姓无名的。且以元脱脱等《宋史·列女传》作为文本的例证，《列女传》共记载40人（含附录），其名号是：

朱娥　张氏　彭列女　郝节娥　朱氏　崔氏　赵氏　丁氏　项氏　王氏二妇　徐氏　荣氏　何氏　董氏　谭氏　刘氏　张氏　师氏　陈堂前　节妇　廖氏　刘当可母　曾氏妇　王袠妻　涂端友妻　詹氏女　刘生妻　谢泌妻　谢枋得妻　王贞妇　赵淮妾　谭氏妇　吴中孚妻　吕仲洙女　林老女　童氏女　韩氏女　王氏妇　刘仝子妻（毛惜惜附）

分析这份名单，绝大多数是某氏，其他则是某母、某妇、某妻、某女。至于本人的名字，一概不见。所以，它们实际上并非女子的名字，而是女子的"代号"。略为不同的仅两人：其一是陈堂前，这个名字，"犹私家尊其母也"，换言之，

①李学勤：《古文献论丛》，上海：上海远东出版社，1996年，第120页。

 姓名

"堂前"不过是对妇人的一般性尊辞,并非本来意义上的名字。其二是列入附录的毛惜惜,此人恰恰是"高邮妓女"。毛惜惜之名,正如宋代名妓李师师之名,不过是青楼女子的"艺名"而已。李师师本姓王,四岁时丧父,入娼籍李家,色艺双绝,且有侠名,另号"飞将军"。

在姓名问题上,男女之间的不平等古已有之,当今也未绝迹。西方一些国家,有女子出嫁后改随丈夫姓的规矩。古代中国虽然不兴此风,但男尊女卑的习俗却同样历史久远。体现在姓名上,就是女子结婚以后,自己的名字就失去了意义。王姓之女嫁到金家,便被人称作金王氏。同理,还有刘张氏、赵李氏等,自己的姓退居次位,名字则干脆不见了踪影。另一种叫法更彻底,连姓也保不住。现代京剧《沙家浜》中那位勇敢、机智、光彩照人的一号女主角,既无姓,也无名,只是在丈夫的名字阿庆之后,加一"嫂"字,人称"阿庆嫂"。还有鲁迅的小说《祝福》中的祥林嫂,死了丈夫,从卫家山来到鲁镇做工,人们"没问她姓什么",因为这并不重要,叫她一声祥林嫂,已经足够了。阿庆嫂是众人景仰的巾帼英雄,祥林嫂是大家同情的苦命女子,但在失却自己的名字这一点上,竟然毫无二致,实在令人叹息。尽管如此,"某某嫂"的称呼,毕竟还带有一些尊敬的意思,比这更等而下之的,则是径呼"某某

家的"。例如曹雪芹笔下"张材家的""周瑞家的"一类,省略得只剩下形容词形式,连个正经的名词都不见。

  名字问题上的男尊女卑,还有一种直接的表现形式,即女子名字的本来意义就是对自身的性别不满意。从今天还能时常见到的"引弟""招弟""来弟"一类名字里,我们不难推想出养育她们的父母的糟糕心情。比这些人的文化素养更高一个层次、但同样担忧"无后为大"的父母,也许会给女儿取较为文雅一些的名字,不会直截了当地呼唤"引弟""来弟",但其怨烦的心态却如出一辙。20世纪60年代风靡一时的长篇小说《三家巷》里,有一位堂堂的进出口公司总经理陈万利,就对老婆生女儿太多颇为不满。二姑娘出世,取名"文娣",希望带来一个儿子,结果带来的却是三姑娘。总经理十分恼火,给她取名"文婕",其实是"截"止再生女孩的意思。谁知截也截不住,四姑娘又来到人间,总经理生气极了,给她取了个气势汹汹的名字,叫"文婷",命令所有的女儿"停"止前来。读完作家欧阳山这一段绘声绘色的描写,我们可以举一反三,依此类推,去分析现实生活中可能遇到的同类人名,以及这类人名所由产生的社会文化基础。

  其次,是男性与女性在用字方面的区别。

  一般说来,当我们接触到一个生疏的名字

时,往往首先会猜测其性别,而且多半能得到正确的答案。这是为什么呢?原来,根据中国人古已有之的阴阳观念系统,男为阳,女为阴。体现在名字上,男子之名,多含阳刚之气;女子之名,多蕴阴柔之风。依此规律,我们便能在未见其人之前,准确地从名字上辨明他或她的性别了。

男子之名的阳刚之气,表现在如下诸:

1. 展示抱负胸怀,例如:安邦、定国、泽民、振宇、建业、鸿程,等等。

2. 祈望光宗耀祖,例如:绍祖、延嗣、耀庭、绳武、显宗、家兴,等等。

3. 抒发情感意绪,例如:鹏飞、俊逸、景贤、希圣、慕白、怡群,等等。

4. 表白意志品格,例如:尚德、浩然、志坚、克强、超尘、世廉,等等。

与以上这些文雅之辞不同的,还有长生、延寿、喜旺、有财、富贵、转运等,虽然也属"阳刚"一类,但因过于粗俗浅白,日渐落后于时代,为人们所摒弃。

与男子之名的"阳刚"相比,女子之名的"阴柔",更为绚丽多彩。大致归纳,可分为八种类型:

1. 多用女性字。最基本的是称娘、姑、妹等,如杜丽娘、梅二姑、杨八妹;形容姿色神态的带有"女"字旁的字,更是女子取名的常见选择,如:婵娟、嫣然、玉婷、琼娥、凤娇、婉芬、丽娜等。

2. 多用花鸟字。花香鸟语给人美的感受，与此相关的字眼因而为女名所习用。例如：春兰、秋菊、灵芝、湘莲、鸣凤、紫鹃、雁翎、莺莺等。

3. 多用闺物字。女子未出嫁，称"待字闺中"。闺房之内的种种物件，秀美玲珑，女子之名，多取于此。例如：玉环、锦绮、霓裳、英台、银瓶、芷香、黛眉等。

4. 多用珍宝字。金银珍宝既是女子的装饰品，又是她们积攒"私房"的形式。这类字词也是女子取名的重要来源。例如：婉珍、金钏、玉簪、璧君、琼瑶等。

5. 多用彩艳字。比以上诸类求美意蕴更显明的，是直接选用表颜色的彩艳字来为女子命名。例如：筱红、玉青、彤心、紫祺、赤缨等。

6. 多用柔情字。与男子相比，女子性格温柔，情感细腻，因而表示这一类意思的字词常被用来给女子命名。例如：爱玲、婉君、曼娜、玉娇、怡虹、笑薇、惠依等。

7. 多用美景字。自然界的良辰美景常被人们用来借喻女子的姣好容颜，受此启发，形容湖光山色、四季风情的字眼，也成为女子命名的选取范围。例如：麝月、彩云、笑虹、逦霞、肃霜、瑞雪、秋湄、凌波等。

8. 多用女德字。礼仪之邦的中国，对女子德性有严格的规范。与此有关的概念、范畴用字，

于是成为女子取名的热门选择。例如:淑贞、力贤、志惠、秀仪、淑娴、巧红、丽洁、玉端、静娴等。

《红楼梦》第五回写道,贾宝玉梦中"游幻境",在"薄命司"的大橱封条上看到"金陵十二钗"字样,不解其意。警幻仙姑告诉他,"金陵十二钗"是"贵省中十二冠首女子"。接下来的《红楼梦》十二支曲一一预示了她们的命运和结局。"金陵十二钗"为薛宝钗、林黛玉、贾元春、贾探春、史湘云、妙玉、贾迎春、贾惜春、王熙凤、巧姐、李纨、秦可卿。对照上述的女名用字分类,宝钗、李纨、妙玉属闺物字,黛玉属珍宝字,湘云属美景字,元春、探春、迎春、惜春属柔情字,熙凤属花鸟字,巧姐属女性字或女德字。八类之中,唯缺彩艳字。"金陵十二钗"全是大家闺秀,名字雅而不俗,所以不用彩艳字,正是情理之中的事。

以上说的是一般规则。但凡事皆有特例,男女取名,也是如此。无论古代还是近现代,男取女名或女取男名的现象,都不少见。

先看男取女名的。春秋战国时代的鲁隐公息姑、卫国大臣石曼姑,还有孟子笔下那位善与老虎搏斗的勇士冯妇,都是堂堂须眉,但名字却完全女性化。

男取女名中还有一类特别的情况,即现代不少男性作家常常使用女性笔名。例如,郭沫若署名"安娜",茅盾署名"四珍""冬芬"。更有甚者,不仅名字女性化,而且还明确标示"女士"身份:刘半农——范奴冬女士,周作人——萍云女士、碧罗女士,赵景深——露明女士、爱丝女士,张若谷——刘舞心女士,柳亚子——松陵女士。

再看女取男名的。东汉班固《汉书·外戚传》记载的文帝之母薄姬少时的朋友赵子儿、武帝皇后卫子夫,还有三国时东吴君主孙权的步夫人所生两位公主,长名鲁班,字大虎,幼名鲁育,字小虎,都是以女子之身冠男子之名的显例。

更特殊的男女异名,是直接将"男""女"字样植入名中。

中国共产党早期的理论战士萧楚女,本为一挺拔男儿,原名萧秋,后取屈原《离骚》中"忽反顾以流涕兮,哀高丘之无女"意,改名楚女。萧楚女写得一手流畅潇洒的好文章,曾有上海大夏大学一男生从报纸上看到后,对这位"楚女"顿生爱慕之心,约请会面。会面的情景当然十分尴尬。不过萧楚女却并不在意,笑道:"既然来找我,就请到我房中坐坐,随便聊聊。"两人就此相识。该生受萧楚女的思想影响,最终走上了革命道路。

与"楚女"恰成妙对的,有"赫男"。20世纪70年代,我国女子乒乓球国手李赫男,球风勇猛,攻杀犀利,大有巾帼不让须眉之风,不愧

 姓名

"赫男"之名。"赫男"在体育赛场中与须眉并驾齐驱。另一位"笑男"则在航空高科技领域里与男儿比翼齐飞。1999年第8期《人物》杂志发表题为《澳门机场铭刻着她的名字》的通讯,报道了中国航空工业规划设计院总工程师朱笑男的感人事迹。朱笑男是五四运动的同龄人,出生时,家族里的长者原本给她取名"孝男"。她的母亲不满意这个传统色彩浓厚的名字,将"孝"改为"笑"——她希望女儿走在男人的前面,超过他们,"堪笑男儿不丈夫"!笑男没有辜负母亲的希望。她辅仁大学毕业后,由化学专业转向军工,终于成为航空工业设计生产和组织协调的专家,先后担任贵州某飞机制造厂、湖北某水上飞机制造厂、合作生产MD82型飞机组装厂总设计师等重要职务,特别是在投标澳门机场建设中,做出了特殊贡献,为祖国争得了荣誉。

第四节　姓名避讳

人取名字,就是为了给人叫的。但是,在某些特殊的场合,某些特殊的名字又是不能随便叫的。这种古怪的规矩,就是避讳。

说到避讳,下面这个故事可谓尽人皆知:宋仁宗年间,有一个名叫田登的州官。元宵节来临,下属请示举行灯会等庆祝事宜。因为"灯"与自己的名字"登"同音,须换一字以避讳。于是州官大笔一挥,批示道:"依例放火三日。"他的本意是举行灯会三日,但"放火"的意思与"点灯"实在相去太远,百姓因此大哗。"只许州官放火,不许百姓点灯"的成语由此诞生。

这个荒唐的故事将避讳的不合理揭露得淋漓尽致。但如此不合理的规矩,为什么在中国流行了两千年?显然有更深层的历史、文化根由。

避讳的做法,始于周代,最早见于春秋时

 姓名

的鲁国。《春秋公羊传·闵公元年》中有一句话:"为尊者讳,为亲者讳,为贤者讳。"是说对尊者、亲者、贤者的过失应避而不谈。不但他们的过失不能讲,甚至他们的名字,也不能随便叫,这就是名字避讳的范围。尊者,指帝王将相;亲者,指长辈先祖;贤者,指授业师长或尊敬的有德行者。遇到他们的名字,不可直呼,必须转换叫法。否则,便是大不敬,轻则挨批评,重则打屁股,甚至丢掉脑袋也未可知。

名字的避讳,还有一种分类方式,是分为国讳、官讳和家讳。国讳,是指皇帝、皇后以及皇族的名讳。官讳,又称宪讳,是指各级官员的名讳。家讳,是指家族内部长辈的名讳。这种分法与上述"为尊者讳,为亲者讳,为贤者讳"并无本质区别,但涵盖范围稍窄,例如老师的名讳就未能包括在内。

为什么对尊者、亲者、贤者的名字必须避讳呢?换句话说,如果叫了他们的名字,会给他们带来什么危害,造成什么严重后果呢?学者万建中撰文认为,避讳观念的萌发与迷信有关。原始人以为,知道鬼怪的名字,可以免除不幸;而自己的名字若被鬼神或仇人知道了,就要招致灾祸。所以,人们不仅采取种种保密措施,极力隐讳自己的真名,而且制定许多禁忌,阻止人们直呼其名。他总结道:"名字的避忌,最初的原因是为

保密起见；名字的保密，则与巫术崇拜及其恐惧有直接联系。西周以后，统治者一方面为了自身的'安全'，不让人们随便诅咒伤害自己，尤其是运用自己的名字来施行巫术；一方面又为突出其至高无上的地位，维护森严的等级制度，表示自己神圣不可侵犯，便对远古民间沉积下来的避用人名的风习加以传扬和完善，使其带有浓重的'尊祖敬宗'的宗法伦理色彩，逐渐形成一种举国上下普遍遵循的完备的避讳制度。"[①]这一见解，是基本可信的。

一　为尊者讳

为尊者讳，在君主专制的古代中国，首先是避帝王之讳。这一条给中国的语言文字系统带来诸多影响，有的至今仍未消除。例如：农历的每年一月叫作正月。但在这里，"正"不能读它的本音 zhèng，而要读作 zhēng。究其原因，是秦始皇名嬴政，于是所有与政同音的字，都必须改一种读法。有人觉得这样还不彻底，干脆将"正月"改为"端月"了事。汉高祖名刘邦，当朝人不许说邦字还不算，连古书中的邦字也得换掉。《论语·微子》中柳下惠的话"何必去父母之邦"，在汉碑上就被刻作"何必去父母之国"。汉文帝名刘恒，凡是用恒字的地方，一律用常字来替换。北岳恒山于是变成常山。汉光武帝名刘秀，普天下的秀才从此改叫茂才。唐太宗名李世民，他登

[①] 万建中：《避讳的肇因》，《文史知识》1996年第2期，第119—121页。

基之后，世、民二字在日常生活中销声匿迹，连中央六部之一的民部，也改称户部，并被唐以后的历朝所沿袭。

因为避皇帝的名讳而改变自己的名字，在历朝历代都是常见现象。避讳改名的方式有三：其一，直接改名。例如：汉代的蒯彻，避武帝讳而改名通。其二，改称名为称字。例如：南朝刘宋的王裕之，避武帝讳，改称字敬弘。其三，将双名中犯讳之字删去。例如：南朝萧齐的薛道渊，避高帝讳，改单名渊。

帝王的名讳是必须讲究的，但是时时处处提防"越轨"，纠正"悖逆"，让天下无数的人名改来改去，也实在是麻烦，所以比较聪明的办法，一是缩小避讳的范围，如唐太宗于即将即位时下令，"其官号、人名、公私文籍，有世民两字不连续者，并不须讳"（《旧唐书·太宗纪上》）；二是干脆让帝王们叫一些冷僻的名字。西汉宣帝，原名"病已"。这两个字都是常用字，避不胜避。于是，他于元康二年（前64）下诏，"闻古天子之名，难知而易讳也。今百姓多上书触讳以犯罪者，朕甚怜之，其更讳'询'，诸触讳在令前者赦之"。唐、宋时代的不少皇帝，即位之后，或立为皇太子后，都改用较为冷僻的字为名，也是出于同样的考虑。唐睿宗本名旭轮，后改名旦。唐代宗本名俶，后改名豫。宋真宗未被立为皇太子前，曾名德昌、元休、元侃，后来才定名为恒。宋仁宗本名受益，后改为祯。宋英宗本名宗实，立为皇子后，改名曙。

不管是"难知而易讳"，还是"易知而难讳"，帝王的名讳，都受到法律的保护。《唐律》规定，故意直呼皇帝的名字，属"大不敬"罪，必须惩处，但处罚较轻；触犯庙讳，杖八十。到了"文字狱"盛行的明、清时期，触犯帝王名讳，就成了死罪，并因此在史册上留下了斑斑血迹。

乾隆年间，江西举人王锡侯认为，《康熙字典》的编辑体例未能达到"通贯"的要求，于是自己另编字书《字贯》，按天文、地理、人事、物类等类别，编排字目，将音义相同的字排在一起，注音释义，纠正了《康熙字典》的讹误。王锡侯的仇人王泷南告发他诋毁《康熙字典》，"狂妄悖逆"。江西巡抚海成接到告发，对照《字贯》，一一查对，认为"狂妄"有之，"悖逆"则未必，于是奏请革去王锡侯的举人，以示警诫。乾隆帝接到奏请，却从《字贯》中"发现"了更严重的"罪行"："第一本序文后《凡例》，竟有一篇将圣祖、世祖庙讳及朕御名字样，悉行开列，深堪发指。此实大逆不法，为从来未有之事，罪不容诛，即应照大逆律问拟，以申国法而快人心。"如此大逆之行，地方官居然视而不见，乾隆由是痛斥海成"双眼无珠"，且毫无"尊君敬上之心"。结

局当然残酷之极：王锡侯斩决，其子、孙等7人均斩监候，秋后处决，妻、媳等罚为奴。不仅如此，为了表示对海成失察失职的惩处，威慑其他官员，先判其斩监候，待秋后处决，然后将其赦免。

更有甚者，有人仅仅触犯了"御名"的一半，竟也受凌迟酷刑。乾隆四十五年（1780），广西平南县生员吴英，撰《上陈时务策》提出蠲免钱粮、添设义仓等五条建议。巡抚姚成烈见文中数次出现乾隆帝之名"弘历"的"弘"字，如"圣上有万斛之弘恩，而贫民不能尽沾其升斗，甚可惜也"，加之攻击朝廷"其恩未远，其泽未长"、"殊属丧心病狂"，奏请将吴英依大逆罪正法。乾隆降旨，吴英凌迟处死，其弟及子、侄"从宽"改为斩监候，秋后处决。各人之妻、妾及年幼子孙，均罚为奴。①

专制帝王在名讳问题上的霸道，还不仅于此。徐珂《清稗类钞·姓名类》有一条"臣工不避世宗嫌名"：

> 庙讳御名，前代悬为厉禁，列圣谕旨，亦祇令敬避下一字。世宗间臣工有避嫌名者，辄怒曰："朕安得有许多名字？非朕名而避，是不敬也。"

不避讳是"不敬"，避讳也是"不敬"。这帝

①胡奇光：《中国文祸史》，上海：上海人民出版社，1993年，第219—224页。

王的名讳，真是让人左右为难，手足无措了。

二 为亲者讳

为亲者讳，首先是避父亲名讳。

"长"是十分常用的字。《淮南子》的主编者刘安，因为父亲名长，所以在《淮南子》中，凡是该用"长"字的地方，一律改用"修"字。不仅如此，"淮南王安在国内避长字，最为严格。现淮河流域所出汉镜，铭云'长相思'者，皆改作'修相思'，不仅在《淮南子》全书之内然也"。①

以上是比较"雅训"的避讳之法。比较粗俗的避讳之例则有：南宋有名钱良臣者，其子每读经史，凡遇"良臣"字样，一律读作"爹爹"。某日读《孟子》，遇"今之所谓良臣，古之所谓民贼也"一句，他竟按例读作"今之所谓爹爹，古之所谓民贼也"，一时传为笑柄。

母亲之名，也要避讳。《红楼梦》第二回里，冷子兴向贾雨村"演说荣国府"，"目今你贵东家林公之夫人，即荣府中赦、政二公之胞妹，在家时名唤贾敏。不信时，你回去细访可知"，贾雨村恍然大悟，拍案笑道："怪道这女学生读至凡书中有'敏'字，皆念作'密'字，每每如是。写字遇着'敏'字，又减一二笔，我心中就有些疑惑。今听你说的，是为此无疑矣。"贾雨村说的"这女学生"，就是严格遵守避母亲名讳规矩的林黛玉。

---

① 王利器：《颜氏家训集解》卷二《风操》注释，北京：中华书局，1993年，第65页。

不仅自己父母的名字要避讳,对公婆的名字,也要避讳。再看一则笑话:

某媳妇的公公叫王九。一天,王九的朋友张九和李九来访,一人提着一壶酒,一人拿着韭菜,请王九喝酒。可惜王九不在家,两人只好请媳妇转达美意。晚上,王九回来,媳妇对他说:"张三三,李四五,一个提着连盅数,一个拿着马莲菜,来请公公赴宴席。"巧媳妇用不同的表达方式,回避了多个"九"的同音字,并且把事情说得清清楚楚,确实很不容易。

笑话讲起来轻松,而实际生活中的同类问题,给人的感受就沉重多了。

司马迁的父亲叫司马谈,所以《史记》中凡是名"谈"者,都被改了称呼。赵谈成了赵同,张孟谈成了张孟同。

范晔的父亲叫范泰,于是在他所作的《后汉书》里,郭泰写作郭太,郑泰写作郑太。

唐代大诗人杜甫【图4-5】,一生中创作了近三千首诗歌,其中包括大量的田园风景诗,但是没有一处提到海棠花。诗圣为什么对美丽的海棠花如此规避不及呢?答案竟然在避讳上:"杜子美母名海棠,子美讳之,故《杜集》中绝无海棠诗。"(《古今诗话》)

与杜甫作诗避讳"海棠"同理,苏洵、苏轼父子作文均小心翼翼地避开一个"序"字,或取

图4-5 杜甫

"引",或取"叙"而代之。原因很简单:苏洵之父、苏轼之爷爷名叫苏序。

　　上面这些故事里,父辈的名讳虽然给后人带来一些不便,但毕竟没有影响他们前程,可是,唐代著名诗人李贺的遭遇,就实在令人扼腕叹息。李贺自幼聪颖过人,在他十几岁时,盛名于天下的"文章巨公"韩愈,就因惊奇于他的才华而访问过他。李贺的父亲李晋肃,做过边疆小吏,死得很早。李贺因避家讳("晋""进"同音)而不得应进士科考,永远失去了进身之路,只能做"奉礼郎"之类的小官。虽然有韩愈这样的大家极力为他鸣不平:"父名晋肃,子不得举进士。若父名仁,子不得为人乎?!"(唐韩愈《讳辩》)但也

无济于事。李贺遭此困厄,心灰意冷,在留给世人大量神奇怪诞、凄恻艳丽的诗作后,27岁就撒手人寰。这正应了他自己的名句:"衰兰送客咸阳道,天若有情天亦老。"

在宗法伦理占据极重要地位的古代中国,严格遵守"为亲者讳"的要求,甚至被列为法律的条文。《唐律》规定,官员赴任,必须考虑官职是否与长辈的名讳冲突。凡"诸府号官称犯祖父名"者,不得"冒荣居之"。例如,祖、父名安者,不得在长安为官。祖、父名军者,不得做将军。祖、父名常者,不得任太常寺卿。如果本人不提出更改而接受此类官职,查出后不但要撤职,而且还会处一年徒刑。唐代以后各朝,也有类似的规定。宋代的吕希纯,因为父亲名公著,所以不能任著作郎。

为亲者讳,不仅是家人自己必须遵守的规则,推而广之,则有"入其家者避其讳,不犯禁而入,不忤逆而进"(西汉刘安《淮南子·齐俗训》)。具体地说,即"及入人家,皆先问其祖父讳,然后接谈,冀无犯讳"。(元叶子奇《草木子·杂制篇》)清李伯元《官场现形记》第四十二回里,兴国知州瞿耐庵不经意中违反了这一条,结果是马屁没拍上,还触了个大霉头。知府添了孙少爷,瞿知州赶紧给顶头上司奉上礼金。送多少呢?瞿太太算账:本道添少爷,送一百元。本府比本道差一层,打一个八折，孙少爷又比不得少爷，再打一个八折，"八八六十四，就送他六十四块罢。"马上吩咐书启师爷写好贺禀"喜敬六十四元"，专人送到府里交纳。知府的门政大爷一看签条，眉头一皱："真正凑巧！统共六个字，倒把他老人家父子两代的讳一齐都闹上了。"原来，这知府老爷官名"喜元"，老太爷官名"六十四"（满人习俗，以父亲的年龄给婴儿命名）。门政告诉来人："你们老爷既然做他的下属，怎么连他的讳都不打听打听？你可晓得他们在旗的人，犯了他的讳，比当面骂他'混账王八旦'还要厉害？"这样的贺礼，哪里还送得上去？

亲属之间，也须特别注意称谓的避讳。南北朝颜之推就为此感到十分头痛："今人避讳，更急于古。凡名子者，当为孙地。吾亲识中有讳襄、讳友、讳同、讳清、讳和、讳禹，交疏造次，一座百犯，闻者辛苦。无潦赖焉。"（《颜氏家训》卷二《风操》）

人生在世，几乎每天都要和许多人打交道。要想搞清楚这么多人的父母名讳，以免在不知不觉之间开罪对方，实在是非常困难的事。但是，历史上还是有人做到了这一点。晋代的王宏，悉心研究各姓家谱，"日对千客，不犯一人之讳"。（唐李延寿《南史·王僧孺传》）当然。这种细心和周到是一般人很难仿效的。

三 为贤者讳

授业师长的名讳，同样要严格实行。五代时人冯道，历事后唐、后晋、契丹、后汉、后周五朝。他的学问大，学生也多，学生要避老师的名讳，遇到"道"字，不能直读，而是以"不敢说"代之。所以，读到《老子》书中"道可道，非常道"时，就成了"不敢说，可不敢说，非常不敢说"。

在名字必须避讳的圣贤行列里，"大成至圣先师"孔子【图4-6】的地位特殊。宋代以前，孔子之名并不需回避，唐人诗文里直呼其名的例证

图4-6 资中文庙孔子牌位

随处可见。例如李白就曾写道:"我本楚狂人,凤歌笑孔丘。"但从宋代开始,孔子被追谥"至圣文宣王",与皇上共享"圣"字的荣耀,他的名字再也不可随意称呼。宋徽宗大观四年(1110),下令避孔子讳,"改封曾参武城侯、颛孙师颖川侯、南宫适汶阳侯、司马耕睢阳侯、琴张阳平侯、左丘明中都伯、谷梁赤睢陵伯、戴圣考城伯,以所封犯先圣讳也"。(《宋史·志》卷五十八《礼八》)同时,改瑕丘、龚丘为瑕县、龚县。金章宗时,禁止人们以丘为名,经史中的孔丘之丘,须读作 mǒu。单独的丘字则读作 qū。清雍正三年(1725)规定,姓氏、地名中的"丘",皆加偏旁写作"邱"。"邱"在这里读作 qī。古书里的"丘"则缺笔右边的一竖。

名字避讳的对象、内容,大致如上所述,避讳的方式,历史上出现过多种,可归纳为以下五类:

1. 改字法。这是最常用的方法。南北朝颜之推《颜氏家训·风操》说:"凡避讳者,皆须得其同训以代换之。""同训",即同义之字。卢文弨解释,"如汉人以'国'代'邦'、以'满'代'盈'、以'常'代'桓'、以'开'代'启'之类是也。近世始以声相近之字代之。"[①] 上文提到的秦朝以后农历正月读作"征"月,便属此类。在秦代,"正"不能按原音读,而且不能写,须用"正"

① 王利器:《颜氏家训集解》卷二《风操》注释,北京:中华书局,1993年,第65页。

字处,用"端"代替。

2. 空字省字法。书写时遇到须避讳之字,或者空一格,或者画一个方框代替,或者干脆将此字省去不写。百衲本《南齐书·豫章文献王传》里有"前侍幸宅",所空出本应有"顺之"两字,指萧顺之,梁武帝的父亲。作者萧子显用空缺法来表示这里应避讳。唐人魏徵等编撰的《隋书》,写到曾自称郑国皇帝、后兵败降唐的王世充时,为避太宗李世民之讳,只得写成"王充",在形式上与汉代哲学家王充的名字极易混淆。唐人在提及隋代将领韩擒虎时,为了避高祖李渊祖父李虎的名讳,省去虎字,只写作韩擒。

3. 缺笔法。对须避讳之字,既不改,也不空,而是将该字少写若干笔画。这样做既未违例,又不致影响读者的阅读理解。缺笔法可能出现于唐初。宋代以后,这种方式逐渐推开。清人钱大昕称:"予见宋版经籍,遇轩辕二字辄缺笔。"原因是赵宋皇室将自己的血脉直接通到轩辕皇帝那里。① 我们看到古籍中将丘字写作"㐀",玄字写作"玄",中字写作"㞢",恒字写作"恒",等等,都属此类避讳法。

4. 换读法。这种方法不改变须避讳之字的字形,但换一种特殊的读音,以此表示敬畏之义。将孔丘之丘读作 mǒu,便是实例。

5. 加注法。这种方法不写出须避讳之字,而

① 钱大昕:《十驾斋养新录》卷七,北京:商务印书馆,1957年,第157页。

是在该处做加注式的说明，如西汉司马迁《史记·文帝纪》有"字某最长，纯厚慈仁，请建以为太子"。这里的"某"，避的是汉景帝刘启之"启"。南朝梁沈约《宋书·武帝纪》中有"荆州刺史宜都王讳进号镇西将军"一句，句中用一"讳"字注明此处有避讳之字，具体而言，是避宋文帝刘义隆之"义隆"二字。

凡事皆利弊共存。为尊者讳，为亲者讳，为贤者讳的种种遗存，固然为后人学习历史增添了许多麻烦，但它同时也为研究历史提供了某些特别的帮助。例如，研究名讳就是文献学家辨别典籍年代的重要手段。《颜氏家训》题署为"北齐黄门侍郎颜之推撰"，人们对此颇有疑义，根据就是书中多处避"忠"字。《序致》："圣贤之书，教人诚孝。"《勉学》："不忘诚谏。"《省事》："贾诚以求位。"这些文句里的"诚"字，都应当是"忠"。因为隋文帝杨坚的父亲名忠，所以颜氏不得不避之。另一方面，《颜氏家训》里多处提及《广雅》一书，而不像曹宪的《音释》一样，为避隋炀帝杨广之讳而改名《博雅》。据此，"此书盖成于隋文帝平陈以后，隋炀帝即位之前，其当六世纪之末期乎"。①

名字的避讳作为一种制度、一种文化，本身是历史的产物。大略地说，它始于周秦，成于汉唐，盛于两宋，明清以后逐渐衰微。无论采取哪

---

① 王利器：《颜氏家训集解·叙录》，北京：中华书局，1993年，第2页。

 姓名

一种方式,避讳终归给人们惹出种种麻烦,却丝毫不会给尊者、亲者、贤者带来任何实际的利益。摆脱了迷信和愚昧,日益走向民主与科学的现代人越来越相信,直呼尊者、亲者、贤者的名字,不但毫无"大不敬"的意味,相反更容易表达自己真挚、热烈的情感。北京大学的同学们在1984年国庆游行的队列中高举"小平您好"的横幅【图4-7】,赢得国人一片欢呼,就是最好的证明!

图 4-7 小平您好

第五章 姓名习俗

《荀子·儒效》说:"习俗移志,安久移质。"清人王先谦为此作注:"习以为俗,则移其志。安之既久,则移本质。"姓名作为一种历史文化现象、一种社会现象,也与人们的习俗密切相关。日常生活里常见的小名与诨名、代号与化名、笔名与艺名,以及文人雅士的书斋室名,就是姓名习俗的生动展现。

第一节　小名诨名

小名，又称乳名、奶名、小字，即婴儿初生时父母所取的非正式的名字。

天下父母无不钟爱自己的孩子，其表现之一，便是给他（或她）取一个亲昵的小名。农村的孩子叫铁蛋、柱子、二黑、香儿，城里的孩子叫京京、娜娜、乔乔、囡囡。不仅平头百姓如此，即便是古代的帝王将相、才子佳人，为人之初，也多曾有过难登大雅之堂的小名。雄才大略的魏武帝曹操，小名阿瞒。宋代词人辛弃疾有名句"斜阳草树，寻常巷陌，人道寄奴曾住"，句中的"寄奴"即南朝宋武帝刘裕的小名。明太祖朱元璋，小名重八。风流倜傥的汉赋大家司马相如，小名犬子。耿介淡泊的田园诗人陶渊明，小名溪狗。有"才绝、画绝、痴绝"之称的东晋画家顾恺之，小名虎头。东晋书法家王献之，小名官奴。宋朝

名相王安石【图 5-1】，小名却叫粗鄙不堪的獾郎。女子也是同样。汉武帝皇后小名阿娇。唐中宗最小的女儿安乐公主出生后，中宗十分怜爱，"解衣以裸之"，因而小名"裹儿"。现代史上的一些著名人物，也多有小名。郭沫若因为母亲受胎时梦见被豹子咬住左手而惊醒，所以小名叫文豹。彭湃小名天泉，彭德怀小名真伢子。廖承志小时候长得胖乎乎的，所以小名肥仔。

从以上例证可以归纳出，小名的特征之一是鄙俗粗野。马来西亚学者萧遥天说得好："它的鄙俗粗野和绰号的鄙俗粗野味道不同，绰号多意在讽刺调侃，而小名其最难听处正洋溢着父母的真爱。"

同样体现"父母的真爱"的，是小名的特征之二：反其意而用字。父母希望孩子聪明伶俐，却故意取名"傻蛋""苕货"。父母希望孩子荣华富贵，但又担心病痛灾祸养不大，就故意取一个"狗剩""阿牛""小石头"之类的"贱"名。鲁迅的《我的第一个师傅》一开头就说："不记得是那一部旧书上看来的了，大意说是一位道学先生，自然是名人，一生拼命辟佛，却名自己的小儿子为'和尚'。有一天，有人拿这件事来质问他，他回答道：'这正是表示轻贱呀！'那人无话可说而退去。"鲁迅"不记得"的旧书是宋朝笔记小说《道山清话》，而"道学先生"则是唐宋八大家之

图 5-1 王安石

一的欧阳修。

更强烈地体现"父母的真爱"的,是小名的特征之三:直接选用亲情浓郁的字眼。1936年冬,贺子珍在陕北保安县生下一个小女孩。孩子老是在妈妈怀抱里哇哇地哭,邓颖超心疼地抱起她说:"真是个小娇娇啊!"毛泽东在一旁听到这句话,立即想起《西京杂记》里"文君娇好,眉色如望远山"的文句,于是为爱女取名娇娇。娇娇长大后,毛泽东又依《论语·里仁》"君子欲讷于言而敏于行"之句,为她取学名李敏,为她的妹妹取名李讷。

综上所述,在形式上,小名与大名、学名的区别是明显的。一是前缀"阿""小"等字,如阿瞒、阿斗、阿香、阿牛、小雪、小米、小羊、小三、小五;二是后缀"奴""儿"等字,如寄奴(宋武帝刘裕)、齐奴(西晋官吏石崇,以与王恺等人"斗富"闻名于史)、车儿(宋文帝刘义隆)、练儿(梁武帝萧衍)、客儿(南朝诗人谢灵运);三是多用叠字,如荣荣、玲玲、刚刚、乔乔。

小名一般在家庭内部使用,体现的是骨肉之情,天伦之乐。特殊情形之下,也可以在家庭之外的场合使用。说它特殊,一是指在好朋友之间使用,表示相互关系亲密无间;二是在敌对双方之间使用,表示对彼方的轻侮。前者的例证有:许攸原是袁绍谋士,后投奔曹操,曹操跣足而迎。

许献计出奇兵袭袁军辎重，帮助曹打败袁绍，夺得冀州，许为此颇为得意，常在席间自夸："阿瞒，卿不得我，不得冀州！"曹操也不否认，笑曰："汝言是也。"后者的例证则是，三国时，孟达弃蜀降魏，受文帝重用。他写信策反刘备的养子刘封："势利所加，改亲为仇，况非亲亲乎！""自立阿斗为太子已来，有识之人相为寒心。"劝刘封"翻然内向"，也投奔魏国。这里称蜀后主刘禅的小名"阿斗"，显然是轻蔑之意。刘封初"不从达言"，后诸葛亮以为刘封性情"刚猛"，"终难制御"，劝刘禅"赐封死，使自裁"。刘封死到临头，叹曰："恨不用孟子度之言。"孟达本字子敬，后避刘备叔父刘敬之名讳，改字子度。（西晋陈寿《三国志·蜀书·刘封传》）

对于历史人物的名称问题，应该实事求是，认真查对。即便是小名，也不可随意乱叫。遗憾的是，违背这一准则的做法，并不少见。例如，在大牌明星刘晓庆主演的电视连续剧《武则天》中，就出现了明显的错误。电视剧的编导误以为高阳公主名叫高阳，太平公主名叫太平，让唐太宗、武则天分别亲昵地叫她们"阳儿""平儿"，高阳公主和太平公主之所以不能被唤为"阳儿""平儿"的小名，是因为"高阳""太平"本不是她们的名字，而是她们的封号。汉代制度，皇帝将一些县封给列侯、皇太后、皇后、公主，让他们收其赋税而食。《汉书·白官公卿表》:"列侯所食县曰国,皇太后、皇后、公主所食曰邑。"在史书中,公主一般都不载名字,以封邑之地称呼为某某公主。例如,汉景帝王皇后所生三个女儿,分别受封平阳(今山西临汾)、南宫(今河北南宫)、隆虑(今河南林县),于是她们被称作平阳公主、南宫公主和隆虑公主。唐承汉制。唐太宗所生二十一个女儿,均以其所封食邑之名为号,如襄城公主、汝南公主、南平公主,等等。高阳公主,始封高阳(今河北蠡县),后封合浦(今广西合浦),所以,她既不叫"阳儿",也不叫"浦儿"。唐高宗有三个女儿,其中太平公主为武则天所生,她的封邑太平,在今山西侯马境内。太平公主是唐代二百一十一位公主中最不甘寂寞的人物。她心机诡诈,权术老到,从个人婚事到国家政事,无不机关算尽。她先后拥立中宗、睿宗,加实封至万户,权倾朝野。三个儿子人人封王,当时宰相七人,竟有五人出自其门下,可惜机关算尽,反误了卿卿性命。公元713年,她谋害太子李隆基(即后来的唐玄宗),阴谋败露,被赐死。这样一位风云人物,史官们竟然没有留下她的名字,而让千年之后的剧作家抓瞎出错,实在是该打板子。

绰号,又叫诨名,是社会交往中常见的语言现象。与人的正式名称相比,大部分绰号形象、幽默、戏谑,不失为生活的趣味添加剂。著名川

姓名

剧作家魏明伦,因为创作了《潘金莲》《易胆大》等优秀作品,而被人们称为"巴山鬼才""戏鬼"。关于这样的绰号,魏明伦自己的评价是:"蛰居巴蜀小城,半生从事戏文,敝姓魏,这个字不能简化,一半委,一半鬼。姓氏注定委身于鬼,写起戏来便有些鬼聪明、鬼点子、鬼狐禅,总爱离经叛道,闯关探险,于是招来褒贬不明的绰号——戏鬼。"①

显然,"戏鬼"自己并不反感这个绰号,相反,还很乐意:"江山易改,鬼性难易,但鬼话不离人间烟火;鬼眼儿盯住多灾多难的中国;鬼胎里怀着一片责任心,几分使命感;鬼头鬼脑思考人的价值,神的奥秘,官的沉浮,民的忧乐,会不会七八年又来一次不大不小的'节日'?"

"戏鬼"的自白,正应了鲁迅的话——绰号是"传神的写意画":"并不细画须眉,并不写上名字,不过寥寥几笔,而神情毕肖,只要见过被画者的人,一看就知道这是谁:夸张了这人的特长——不论优点或弱点,却更知道这是谁。"②《水浒传》中的梁山好汉一百单八将,人人都有一个精彩的绰号:"及时雨"宋江、"豹子头"林冲、"黑旋风"李逵、"花和尚"鲁智深、"玉麒麟"卢俊义、"神行太保"戴宗、"浪里白跳"张顺、"霹雳虎"秦明、"鼓上蚤"时迁、"一丈青"扈三娘……可以断定,如果没有这些妇孺皆知的绰号,为民除害、替天行道的梁山好汉们,绝不能在人

①魏明伦:《巴山鬼话》自序,上海:上海人民出版社,1997年。
②《鲁迅全集》第六卷,北京:人民文学出版社,1981年,第382页。

们的心目中留下如此鲜活的印象。

无论古代还是现代，起绰号，叫绰号，都是非常普遍的社会现象。绰号与姓名、字、号的本质区别在于，姓名、字、号或由长辈取，或由自己定的，但都是本人接受、承认的，而绰号则是由旁人根据你的某种特征给他们留下的认知印象而决定的，不管你本人是否接受、承认，它都可以在一定的范围内流传开来。从这个意义上讲，绰号又在相当程度上反映了一定的社会群体对一个人品貌、才能、德性的评价，因而具有丰富的文化内涵和认知价值，而不仅仅是一个简单的人称符号代码。黎民百姓称包拯为"包青天"，寄托了对刚正不阿父母官的殷切期望；军中士卒称李广为"飞将军"，包含了对身手矫健、武艺高强者的由衷赞美；而北宋时人呼宰相王圭为"三旨相公"，意在讽刺这位高官居宰相位16年，不建一策，"上殿进呈曰'取圣旨'，上可否讫曰'领圣旨'，退谕禀事者曰'已得圣旨'"，一无所为，尸位素餐；明廷内外骂宦官刘瑾为"立皇帝"，则表达了对其胡作非为、滥施淫威的愤恨与恐惧。凡此种种，都说明绰号颇有研究的价值。

关于绰号的起源，清代史学家赵翼在《陔馀丛考》里有一种说法：据《吕氏春秋·简选》的记载，夏桀力大，"推移大牺"，能将牛推走，于是人们称他"移大牺"。这便是绰号的起源。

 中华文化元素 姓名

赵翼的说法是否正确,在没有更多过硬的旁证材料的情况下,不好确认,但有一点是明确的:正如文字的发明不应该归功于某一个人的劳作一样,绰号的出现,也很难具体地断定为从某人某事开始。按常理推论,绰号大致应起源于相互十分熟悉的人们在交往过程中所使用的非正式称呼。这种称呼由于具有某种合理之处,而被人们逐渐认可,大家都来使用,日久天长,便成为一个人的绰号。有学者认为:"绰号的流行,纯粹印象认识的应该先过寓意褒贬的,间接称谓的也应该先过直接称谓的。"①这是比较稳妥的看法。

如果说"移大牺"之说不好确认的话,那么春秋战国时代已有绰号出现,则是确定的史实。

春秋时代秦国大夫百里奚,绰号五羖大夫。关于"五羖",说法不一。《孟子·万章上》载,万章听说百里奚以五张羊皮的身价,卖身到秦国,替人养牛,想找机会接近秦穆公。他问孟子【图5-2】此说可信否,孟子回答:"否,不然;好事者为之也。"西汉司马迁《史记·秦本纪》则说,百里奚从秦国逃到宛,被楚人拘留。秦穆公知道后,本想用重金赎之,又担心楚人因此意识到百里奚是难得的人才,于是故意只出五张羊皮的"低价"。"楚人遂许与之"。穆公与归来的百里奚讨论国事三日,"大悦,授之国政"。

战国时秦惠王的弟弟公子疾,滑稽多智。

①萧遥天:《中国人名的研究》,北京:新世界出版社,2007年,第204页。

图 5-2 孟子

他的脖子上长了一个大肿瘤，人们于是送他绰号"智囊"。同样拥有"智囊"绰号的，还有能言善辩的西汉文帝之臣、太子家令晁错和精通佛学、懂多种语言的汉末僧人支谦。

20世纪40年代，文学家刘大白先生写过一篇《绰号文学的研究》，发表于《世界杂志》。文章据绰号所反映的内容，将其分为20类。马来西亚学者萧遥天认为刘氏的分类条理井然，可惜例证不丰。他利用清人赵翼《陔馀丛考》卷二十八的"混号"条中汇集的大量材料，又广搜经史典籍，爬梳采摘，成"绰号录"约六万言。现采萧氏材料中的典型者，并增添若干例证，并与刘氏分类相应合，胪陈如下。

1. 状貌

东汉经学大师贾逵，身长八尺二寸，因而人们都叫他"贾长头"。西汉哀帝时，京师有杜钦、杜邺二人，均字子夏，同姓而又同字，常常混淆。于是大家称眼力不好的杜钦为"盲子夏"，以示区别。史载刘备生就帝王之相，双耳垂肩。吕布被擒后，当面痛骂他"大耳儿最不可信"。这"大耳儿"就是刘备的绰号。

2. 德性

齐史家魏收，品行不端，时常拈花惹草，由此得一不雅之号"惊蝴蝶"。唐玄宗的大臣李林甫，口蜜腹剑，诬陷他人，众皆咒其曰"肉腰刀"。唐德宗时的翰林学士李程，生性懒惰。当时，学士到翰林院的时间，冬季规定在日影移至第五块砖时，而李程却每天日影过了第八块砖才姗姗来迟，故得一绰号曰"八砖学士"。北宋官僚杨畏，为人反复无常，见风使舵，史载其"进于元丰，显于元祐，迁于绍圣也"，于是人们叫他"杨三变"。

3. 威望

西汉河南太守严延年，以严酷手段诛杀对抗朝廷的豪强，以致尸横数里，人称"屠伯"。唐代酷吏来俊臣的后裔来君，生性残忍，任合阳县令时，动辄杖击，棍棒齐下，囚具毁断，犯人惨叫，声震远近，来君于是被称作"肉雷"。

4. 声价

东晋庾亮、庾翼兄弟，俱有经邦济世之才。人们赞誉庾亮为"丰年玉"，庾翼为"荒年谷"。唐代画家李思训，擅长画山水树石，官至右武卫大将军，人称"大李将军"。其子李昭道，继承父业，擅长绘海景，人称"小李将军"。北宋苏洵及其子轼、辙，均为文章大家，时人称洵为"老苏"【图5-3】，轼为"大苏"，辙为"小苏"【图5-4】。

5. 运命

唐人董方，九次参加明经科考，终未得第，因而得一绰号"白蜡明经"，即白费蜡烛之意。唐诗人张籍，当过太常寺太祝，他家境穷困，眼疾严重，孟郊因此称他"穷瞎张太祝"。宋《太

◀图 5-3 苏洵
▶图 5-4 苏辙

平广记》记载,夏侯孜一生未遇知心人,孤单飘零,所骑跛驴,也无端落入井中。拜访官吏,投宿旅店,又常常与人争执。时人叹其运气太糟,称为"不利市秀才"。

6. 财产

汉景帝时,石奋及其四子皆官至二千石(俸禄等级),景帝由此称奋为"万石君"。唐人卢从愿,官刑部尚书,广置田产,人号"多田翁"。

7. 业务

刘备早年以贩鞋为生,因此曹操鄙称其为"卖履舍儿"。宋人薛翁,蜀地隐士,善治《周易》,以卖酱为业,人称"酱翁"。宋陶谷《清异录》记载,皇廷僧舍旁有一米糕坊,坊主花钱买了个员外郎资格,被人呼作"花糕员外"。

8. 技能

魏文帝宫中美人薛灵芸,心灵手巧,深帷

之内，不需灯烛，飞针走线，女红精致，人称"针神"。据唐李延寿《北史》载，名沈光者，身怀绝技。某日，禅定寺前幡竿绳断，沈光口衔绳索，攀上竿顶。系毕，飞身而下，以掌支地，倒行十余步，众人惊羡，称其"肉飞仙"。

9. 学识

梁人刘璠，史识渊博，尤悉晋代故事，时人赞为"皮里晋书"。唐代荆州之地，每年选拔举人赴会试，多不成名，人称其地曰"天荒"。后有刘蜕，会试及第，官舍人，故被称作"破天荒"。宋人张大中、明人程济均读书甚博而不能运用，遭人讥讽，呼张为"黑漆书橱"，程为"两脚书橱"。

10. 艺术

东汉张芝、唐张旭二人，擅长草书，俱臻出神入化之境，故得"草圣"美号。唐代书法家李阳冰，尤精小篆，时人号曰"笔虎"。京剧演员高庆奎，勤于创新，主攻老生，探究各派之长，兼收并蓄，且涉猎老旦、花脸，观念保守的同行不太客气地称他"高杂拌"。但高庆奎不为所动，坚持自己的艺术追求，终于开创出独具特色的老生流派——"高派"。

11. 武勇

梁人王彦章，作战携二铁枪，皆重百斤，一置鞍下，一在手，横冲直撞，奋疾如飞，军中号称"王铁枪"。清将赵德光，出师平定回苗之乱，所向披靡，尤精长途奔袭，敌胆寒，呼为"铁脚板"。晚清武林高手王子斌，少年时拜沧州李凤岗为师，精通劈挂、六合两套单刀，人称"大刀王五"。维新志士谭嗣同曾从他学习武术，两人交情深厚。谭临刑前，《狱中题壁》诗有句："我自横刀向天笑，去留肝胆两昆仑。"梁启超解释："所谓两昆仑者，其一指南海（康有为），其一乃侠客大刀王五。"

12. 行为

北魏人拓拔庆智，官太尉主簿，必先受贿，或十数钱，或二十钱，而后办事，号为"十钱主簿"。唐玄宗开元年间，卢怀慎与姚崇同为枢密宰相。卢自认吏道不如姚，事事推诿，不负责任，时人呼曰"伴食宰相"。南明弘光朝，满廷昏聩，清军逼近，宫中犹需房中药，命乞儿捕捉蛤蟆，号为"奉旨捕蟾"，时称"蛤蟆天子"。大臣马士英，犹喜斗蟋蟀为乐，人称"蟋蟀相公"。近人章太炎，学问大，声望高，性格暴烈，一旦发作，天不怕地不怕，连国会议员也照打不误。他曾蓬头垢面，直奔袁世凯的总统府，在接待室里，掀桌摔碗，痛骂"袁贼"不止，闹得天翻地覆。消息传开，"章疯子"的绰号传遍国中。

13. 举止

王莽柄政时，甄丰常于晚间入王府议事，人们戏称"夜半客，甄长伯"。宋将曲端，善治军，屡败金将完颜娄室。金将撒离曷与曲端对阵时，撒离曷登高望宋军，见其军容严整，恐惧而泣，部属称其为"啼哭郎"。

14. 臭味

东汉崔烈，以500万钱买得司徒一职，时人呼为"铜臭"。明朝金陵教坊乐女李香君，娇小聪慧，得一雅号"香扇坠"。

15. 谈吐

唐人窦巩，不善言辞，说话吞吞吐吐，人称"嗫嚅翁"。宋真宗时的宰相李沆，性格内向，接待宾客常沉默寡言，有人对其弟李维说："外面议论你的兄长，叫他'无口匏'"。无口匏，即没嘴的葫芦。

16. 著作

王勃、杨炯、卢照邻、骆宾王并号"初唐四杰"。但有人批评杨炯好用古人姓名，故呼曰"点鬼簿"，骆宾王喜以数目作对，故呼曰"算博士"。北宋文学家、史学家宋祁，作《玉楼春》词，其中"红杏枝头春意闹"一句，传颂千古。于是人们称宋为"红杏尚书"。宋人谢逸，作诗喜以蝴蝶为主题，共得三百余首，人称"谢蝴蝶"。宋词人贺铸有名句"一川烟雨，满城风絮，梅子黄雨时"，由此得绰号"贺梅子"。与此有异曲同工之妙的是，清人王士祯因《和漱玉词》中的"郎似桐花，妾似桐花凤"，而被时人称为"王桐花"。

近人王云五任商务印书馆编译所所长，有三大计划，拟即推行：一是四角号码检字法，二是百科全书，三是万有文库。因此，他得了个绰号"四百万"。

17. 服御

五代之时的闽王王审知，状貌英武，喜乘白马，人称"白马三郎"。宋仁宗年幼时，不喜穿鞋袜，因而宫廷上下呼其"赤脚仙人"。

18. 身份

西汉南阳太守召信臣，大兴水利，深得民望。东汉时，杜诗出任南阳太守，改良工具，发展农业，口碑在民。于是当地流行的民谚道："前有召父,后有杜母。"南朝隐士陶弘景,名重一时,朝廷每有吉凶征讨大事，常遣使咨询，所以人们称其为"山中宰相"。

19. 嗜癖

东汉文学家、书法家蔡邕，嗜酒无度，常常醉卧道中，因而得名"醉龙"。西晋史家皇甫谧，酷爱典籍，披阅把玩，废寝忘食，友人呼曰"书淫"。华罗庚从小喜爱数学，他在父亲的小杂货店里一面记账，一面做习题，有时因为运算入迷，竟将运算的得数当作顾客应付的货款。街坊邻居引为笑谈，还送他个绰号"罗呆子"。

20. 谐谑

唐代宰相牛僧孺，被时人戏称作"丑座"，

其根据是天干地支的排序中,丑为牛。宋魏泰《东轩笔录》记载,学士王平甫,盛夏时常汗流浃背,因汗淋与翰林恰好谐音,刘贡父由此戏称其为"汗淋学士"。

  作为一种社会文化现象,绰号已经有了悠远的历史,而且还将在我们的生活中长久地留存下去。一概否定绰号,既无必要,也不可能。不过,应该强调的是,有的绰号讥讽、嘲笑残疾人的生理缺陷,如称偏头者为"一点钟",跛足者为"地不平"等,伤害他人感情,违背社会公德的绰号则是应该禁绝的。

第二节　代号化名

社会生活复杂多样。在某些特定的境遇里，人们不便于或者不许可使用自己的真实姓名，便只好另取代号或化名。在历史和现实中，这样的情形时时可见。

看过反映解放战争时期东北剿匪斗争的长篇小说《林海雪原》的读者，一定对头号主人公少剑波印象深刻。这位年轻英俊的团参谋长，在小分队里，被称作"203首长"。这"203"，就是少剑波的代号。战争年代，不仅像少剑波这样的团级指挥员有代号，而且比他的地位高得多的统帅部成员，也有各自的代号。东北人民解放军（即后来的东北野战军、第四野战军）的司令员林彪、政委罗荣桓、参谋长刘亚楼，代号分别为101、102、103，这在"东总"指挥机关里，是人人皆知的。

中华文化元素 姓名

战争年代使用代号,是为了便于保守军事秘密。在并不需要保密的情况下,人们也常常使用代号,则是出于方便管理的目的。例如,召开运动会,所有参赛的运动员都有一个编号。赛场工作人员点名时,只叫"某某号",而不称呼张三李四。更典型的人员编号,是在监狱中。被错打成"胡风集团骨干"的王戎在回忆录中沉重地写道:

> 在一间屋子里,一个被叫做管理员的人把我的衣服里面的东西包括皮带全抄了去,然后说,从现在起,你就叫1068,不能说你姓什么,叫什么,也不能说你的案情。听他这一说,我一阵酸楚,因为我没有想到我活到今天,连自己的姓名都丧失掉,只剩下一个1068的号码了。①

在科技高度发达的今天,计算机的应用日益普及。由于计算机识别数码的敏感度要大大优于汉字,所以在其人事管理电脑系统中,每一个人的姓名都被置换为一组数码,该组数码就是某人的代号。例如,一年一度的高等学校入学考试,每位考生都有两组代号,一组是报名号,一组是准考证号。如要查询成绩,只需输入代号,几秒钟内,电脑就会自动将成绩报出。可以想

①李辉:《文坛悲歌》,广州:花城出版社,1998年,第271页。

见，如果输入的是汉字姓名，解决同样问题的过程必然复杂得多。随着电脑的推广，姓名被代号置换的情况越来越多。笔者手边的抽屉里就有现成的例证：在电话缴费查询磁卡上，我的代号是62001368，而在民用液化石油气使用证上，我的送气编号是1304101，IC卡号是139412。每当液化气用完，只需打一个电话，报出这两个代号，供应站很快就会送气上门，确实方便得很。

从形式上看，代号和姓名相去甚远，因此，它只能在那些很特殊的环境、场合取代姓名的作用。就此而论，代号的使用，就比不上化名了。化名同样也具有保密的功用，而且其形式与真实的姓名完全相同，因而就更有隐蔽性、迷惑性，更有利于保密。

战国时代的魏人范雎，因事开罪于中大夫须贾和相国魏齐，被击断肋骨，打落牙齿。眼看性命难保，范雎只得装死，然后找机会求人相助，逃离虎口。后来，他化名张禄，由魏入秦，游说秦昭王，得其信任，出任相国，仍以张禄之名闻名于世。几年后，须贾出使秦国，范雎得知后，微服独行，来到须贾的住处与其见面。须贾本以为范雎已死多年，见状大惊，二人寒暄一番后，须贾问范雎是否认识相国张禄，求其引见。范雎知道须贾还蒙在鼓里，决定让他再出出洋相，便满口答应下来，并亲自驾车，送须贾去相国府。

 中华文化元素 **姓名**

到了相国府门口,范雎说自己先进去通报,让须贾在外等候。等了半天,没有动静,须贾问守门人,范雎怎么还不出来?守门人回答:"这里没有什么人叫范雎。"须贾很奇怪,"范雎就是刚才进去的那个人啊!"守门人告诉他:"那人是我们的相国张禄。"须贾这才恍然大悟,原来范雎大难不死,现在当了秦国的相国,张禄不过是范雎的化名。

  范雎化名张禄,是为了保住自己的性命。在另外一些场合,人们并没有生命之虞,但为了某一特殊的需要,也会使用化名。1918年3月,新文化运动方兴未艾。为了驳斥顽固守旧势力的无理攻击,争取社会民众的理解、支持,思想激进的钱玄同与刘半农两人在《新青年》杂志上演了一出精彩的"双簧"。先由钱玄同化名王敬轩,致函《新青年》,信中以十足保守冬烘的口吻,重弹"中学为体,西学为用"的老调,谩骂《新青年》批孔是"狂吠之谈",攻击白话文及新式标点,为桐城派、文选派大唱赞歌。此举意在为反击守旧派树起一面批判的靶子。然后,刘半农撰成《答王敬轩》一文,对准这面靶子,逐条驳斥其歪理谬论,嬉笑怒骂,痛快淋漓,大壮了文学革命的声势。可以想见,在人人都知道钱玄同的立场、身份的情形下,如果不用王敬轩的化名,隐去真身,这"双簧"是演不成的。

张禄、王敬轩一类的化名显然是随意之作，而另外的一些化名，则取得比较巧妙。解放战争初期，毛泽东率中共中央总部主动撤离延安，转战陕北，牵着20万敌军大"游行"。为了保密的需要，毛泽东化名"李德胜"。"李德胜"是"离得胜"的谐音，不拘泥于一城一地的得失，主动撤离延安，把包袱送给敌人背，我们就一定胜利。看似平常不过的化名里，蕴藏着统帅高瞻远瞩的战略构想，确实意味深长。也正是因为毛泽东用过"李德胜"的化名，他后来才取"君子欲讷于言而敏于行"（《论语·里仁》）的古训之意，为两个女儿取名李敏、李讷。

化名和代号的使用，共同点是将某人的真实身份隐藏起来，因而有时化名直接由代号演绎而成。五四运动时期，周恩来【图5-5】、邓颖超等在天津成立了革命社团觉悟社。参加者用抽签的方法为每人确定一个代号，邓颖超是1号，周恩来是5号。取"5号"的谐音，周恩来为自己取了化名"伍豪"，并用它在杂志上发表文章，在报纸上刊登声明、启事。周恩来显然对"伍豪"的化名很欣赏，20年代初，他赴欧勤工俭学，依然使用这一名字，在中国共产党旅欧支部机关刊物《赤光》上发表了《军阀统治下的中国》《革命救国论》《中国底政治现状》等许多文章。在他亲笔起草的旅欧中国共产主义青年团章程底稿

图 5-5 周恩来

上,作为执行委员会书记的周恩来的签名,也是"伍豪"。

无论过去还是将来,使用代号和化名都是人们生活中常见的现象。我们在把握二者同具隐去真实姓名这一共同功用之外,也要明了它们的区别,这就是:

第一,在主观意图上,使用化名完全是因为真实姓名必须隐瞒,否则将会带来种种麻烦甚至危险，而使用代号的动机则情形不一，有时当然也是出于安全的考虑，但更多的时候则主要是为了方便管理，提高效率。所以，化名者的真实姓名往往须严格保密，而代号有时却可以与姓名同时出现在诸如考试报名表、运动会秩序册等公开文件中。

　　第二，在运用范围上有宽窄之别。化名在形式上与一般的姓名毫无二致，所以可运用于一切公众场合、社交领域，而代号却因为在形式上即大不同于常见姓名，所以不能完全取代真实姓名在社会交往中使用,而只能在特定的范围内（如某一电脑系统中、某一秘密组织内、某一次运动会上、某一座监狱里）代替姓名。

第三节　笔名艺名

作家有笔名,艺人有艺名,也是人们常见的姓名习俗。

前些年,在"重写文学史"的喧闹中,有人给现代作家排座次,居然将长期担任中国作家协会主席的茅盾,摒于前十名之外。无论排名者搜罗多少种"理由",这种"新观念""新思维"都是站不住脚的。"茅盾",这个不朽的名字,将永远在中国现代文学史册里,熠熠生辉。

茅盾【图5-6】,本名沈德鸿,字雁冰,"茅盾"是他的笔名。说起这笔名的由来,饶有兴味。大革命失败后,共产党员沈雁冰转入隐居,靠写作维持生计。1927年9月,他写出了自己的第一部小说《幻灭》,打算送给主编《小说月报》的叶圣陶看一看。可是如何署名呢?他颇费踌躇:当然不能署本名,那样做无异于自投罗网。原来

图 5-6 茅盾

的笔名"玄珠""郎损",因用来写文章骂过蒋介石,更不能用。沈雁冰思虑再三,心潮滚滚,联想到黑暗时局之下社会政治的尖锐冲突,知识阶层的苦闷彷徨,以及自己内心的重重焦虑,一个新的笔名跃然而出,对了,就署"矛盾"!

书稿送给叶圣陶,叶连夜读完,拍案称绝,只是对署名提出质疑:这"矛盾"一看便知是个假名。如果嗅觉灵敏的国民党方面来查,我们如何应付?他建议在矛字上加一草头,变作《百家姓》里"计伏成戴,谈宋茅庞"的"茅",这样更易蔽人耳目。沈雁冰从善如流,欣然同意,辉耀文坛的笔名"茅盾",就此横空出世。

作家使用笔名,是古往今来的惯例。以上为安全起见而用笔名,只是缘由之一。缘由之二

中华文化元素 姓名

是，作家使用笔名，可以避免麻烦，进退自如。正如邓拓在《燕山夜话》中所论："谁也不必讳言，有些人看文章的好坏，是以作者有没有名声和名声大小来做判断的，这使作者本人有时也很苦恼。署一个笔名就省去这种麻烦，说好说坏只看文章如何了。更重要的是，我们常常遇见许多作者，有些学习和研究的心得，但是还不很成熟，用他的本名写文章发表，似乎反而觉得不够郑重，用一个笔名发表就比较好。好处表现在两个方面：一则在作者方面，既不必考虑万一意见有错误会发生什么不良影响，又可以对自己发表的意见大胆负责；二则在读者方面，对于这种意见如果有不同的看法，更可以毫无顾忌地提出自己的见解，甚至于发表某些批评和商讨的文章。"此外，还有缘由之三，那便是作家对于自认为不能登大雅之堂的游戏文字，不肯署本名或者影响广泛的笔名，于是随便编造一名，糊弄过去了事。

上面说的都是出于被动的原因而用笔名。其实在很多时候，作家更积极主动地使用笔名，以此作为表达心声、抨击论敌、针砭时弊的锐利工具。清末著名谴责小说《孽海花》的作者本名曾朴，为了与作品描写的同治初年至甲午战争后中国社会的腐朽衰败现实相照应，曾朴痛切地署上"东亚病夫"的笔名，以表达自己的愤懑与哀伤。在1919年新文学运动的高潮中，青年郭开贞诗

情迸发，并在作品下署名"沫若"。沫，指沫水，即大渡河；若，指若水，即青衣江。身在异国他邦的诗人用养育自己的故乡之河作为笔名，意在表达海外赤子对祖国、对故土、对亲人的眷眷深情。

鲁迅【图5-7】先生本姓周，1881年9月15日出生于浙江绍兴。当时他的祖父周福清在做京官，得知抱孙喜讯时，正值一张姓朋友来访，于是便给孙儿取名"阿张"。后来，取其同音异义的字为大名"樟寿"，号"豫山"。绍兴话里，"豫山"音近"雨伞"，进私塾发蒙后，同学们常以此取笑，于是又改"豫亭"，再改"豫才"。17岁时，青年周樟寿入江南水师学堂求学，取"十年树木，百年树人"之意，改名"树人"。周树人一生用过许多笔名，其中最有影响、名闻天下的，是"鲁迅"。关于这个笔名，许寿裳在《亡友鲁迅印象记》中记录了鲁迅自己的解释：一、母亲姓鲁；二、古代周鲁是同姓之国；三、取愚鲁而迅速之意。有研究者不满意于此，探赜索隐，有所发现：

第一，黄帝姓姬，周人的祖先后稷是黄帝之曾孙帝喾之子，为姬姓。古公亶父率姬姓部落迁至周，建立周国，文王时以国为氏。公元前256年，秦灭周，周王族沦为平民，遂以"周"为氏。另一方面，西周初年，周公旦之子伯禽受封于鲁，当姓姬，与天子同姓，氏鲁。鲁顷公时，灭于楚，

图5-7 鲁迅

 姓名

迁至下邑，子孙遂以国名"鲁"为氏。周鲁同姓之国的关系，大致如此。

第二，"迅"，除愚鲁而迅速之意外，还有"深意"：据《尔雅·释兽》云："牝狼，其子激，绝有力，迅。""鲁"取自母姓，"迅"古意为狼子，亦即牝狼的一个有大力的儿子。鲁迅以此表示自己"无父无君，无纲常名教""顽强地向旧势力、旧思想、旧文化作坚决的攻击"。这一笔名反映了鲁迅的反传统思想和同旧时代决裂的革命抱负。①

有学者研究了鲁迅一生用过的140个笔名，认为它们可以分为十三大类：②

1. 出自名号，如自树、周树、戛剑生、唐俟。鲁迅早年别号"戛剑生"，意为"戎马书生"，又别号"俟堂"，将二字颠倒，取"堂"的谐音"唐"，得"唐俟"。

2. 出自典故，如庚辰、栾廷石、华圉。唐人李公佐撰《古岳渎经》，记载了古代神话中制服"淮祸水神"的英雄庚辰。鲁迅以之为笔名，表示了自己为民除邪的抱负。《水浒传》中祝家庄有一教师名栾廷玉，鲁迅易"玉"为"石"，意在讽刺当时的"文坛教师"。华圉，出自《孟子》"始舍之，圉圉焉"。圉，"困而未行之貌"。华圉，意即困于中华。

3. 寄托乡情，如越客、越丁、索子、索士。

① 王长坤：《关于"鲁迅"笔名的索隐》，《光明日报》2000年6月16日。
② 王泉根：《中国人名文化》，北京：团结出版社，2000年，第346—350页。

鲁迅故乡绍兴，地属古越国，故自称越客、越丁。青年鲁迅留学日本，索居异邦，故名索子、索士。

4. 自励自勉，如神飞、尤刚、霍冲、直入。这些笔名都有奋发进取的含义。

5. 表示谦逊，如巴人，鲁迅自己解释："巴人，取'下里巴人'，并不高雅的意思。"

6. 借用他名，如许霞、许遐。许霞是许广平的小名，鲁迅取之作为笔名。许遐，是用许霞的谐音。

7. 他人代取，如周逴。周逴原是周作人的笔名。鲁迅的文言小说《怀旧》，由周作人代署此名，在《小说月报》上发表。

8. 谐音刺敌，如封余、丰之瑜、洛文、乐雯。1930年，国民党浙江省党部呈请通缉"堕落文人鲁迅"。于是他针锋相对地以"洛文""乐雯"做笔名，发起辛辣的反击。对于某些人恶意泼来的"封建余孽"的污水，鲁迅干脆署名"封余""丰之余"，以示决不退缩畏惧。

9. 巧用译音，如康伯度、白道。有人攻击鲁迅是买办，鲁迅便取买办一词的英语 comprador 的译音康伯度、白道做笔名，予以回击。

10. 讽刺论敌，如某生者、雪之。鸳鸯蝴蝶派作家发表作品时喜爱用"某某生"的署名，所以鲁迅批评他们的文章就用"某生者"的笔名，以示讽刺。教育总长章士钊撰文反对白话，赞美

文言,文中将"二桃杀三士"之"士"误解为"读书人",鲁迅对此发表杂文《两个桃子杀了三个读书人》,特别使用"雪之"的笔名,意为被章"说杀"的读书人昭雪冤案。

11. 寄寓深意,如黄棘、冬华。辛亥革命之后,鲁迅认为黄帝子孙所居之地依然布满荆棘,他用黄棘的笔名,提醒人们革命尚未成功。冬华,即隆冬之花,取"寒凝大地发春华"之意。

12. 混淆视线,如张承禄、曼雪、梦文。这些笔名没有什么特别的所指,只是为了遮蔽国民党书报检察官的耳目。

13. 特有所指,如敖者、宴之敖者。据许广平解释,鲁迅出钱出力,将八道湾屋买来、修好,与弟弟周作人一道搬入。"后来才迁居了的"。为什么迁居?"先生说:'宴从门,从日,从女;敖从出,从放;我是被家里的日本女人逐出的。'"日本女人,指周作人的妻子羽太信子。这些笔名记录了鲁迅兄弟之间的一段不愉快往事。

翻开古代文学史册,我们发现,笔名出现很晚。秦、汉、唐、宋时人写诗作文填词,很少有意隐瞒自己的真实姓名的。司马相如、李白、杜甫、苏轼,都是如此。但是为什么明、清时代的话本、笔记小说的作者们却几乎无一不用笔名呢?从根本上讲,这恐怕与古代文人的"面子"观念有关。在今天的人们看来,会写小说,并能把它变成铅字,是一桩非常荣耀的事。所以,现今作家们的头上,每每罩有绚丽的光环,他们的形象也因此而高大起来,似乎须仰视才见。但是,在古代人们的观念里,同是舞文弄墨,价值、分量却大相径庭。赋诗填词,撰史立言,属于"雕龙之术",署上真名,不仅自我感觉良好,而且光宗耀祖,何乐而不为?但是,源于市井勾栏、山乡野老的话本、笔记小说,"出于稗官,街谈巷语,道听途说者之所造"(东汉班固《汉书·艺文志》),却被视为不能登大雅之堂的"雕虫小技"。从事这类写作的人,往往顾虑孔老夫子"君子弗为也"的遗训,这样一来,署上一个化名,显然便成了最适宜的处理方式。此类化名,正是以后作家笔名的前身。博通文史掌故的郑逸梅老人在《艺林散叶》中称"晚清小说,作者什九化名,不知其真姓名为何",例如《瞎编奇闻》署名茧叟,实为吴沃尧;《九尾龟》署名漱六山房,实为张春帆;《海上繁华梦》署名警梦痴仙,实为孙玉声;《海国春秋》署名蜉蝣生,实为邹威丹。郑老还说,"直至民国时代,亦多隐晦其真姓名",例如《歇浦潮》署海上说梦人,实为朱瘦菊;《人海潮》署网蛛生,实为平襟亚;《留东外史》署不肖生,实为向恺然;《王公馆》署捉刀人,实为王小逸;《金陵秋》署冷红生,实为林琴南;《人间地狱》署娑婆生,实为毕倚虹;《缥缈史》署名闲主人,实为胡石予。这说明小说家化

名的传统,确实是一以贯之。当然,进入近现代以后,小说不仅逐渐取得文学正宗的地位,与诗词、散文平起平坐,而且在社会影响方面甚至驾而上之。现在的作家们依然大多以笔名行世,但其心态,显然与他们的先辈大不相同了。

具体而论,怎样取一个自己满意的笔名,作家们的思路、技巧、灵感,各有不同。

现代著名的"鸳鸯蝴蝶派"作家张恨水,本名张心远。他在回忆录《我的创作和生活》中解释笔名"恨水"的来历:自己从小即喜爱古典诗词,特别读到南唐后主李煜的名作《乌夜啼》,对其中"胭脂泪,相留醉,几时重? 自是人生长恨水长东"一句,尤其欣赏,印象深刻,于是从中摘取"恨水"二字,作为笔名。

20世纪30年代的东北,有一对颇具才华的文学青年,男的叫刘蔚天,女的叫张迺莹。他俩在鲁迅先生的关怀、指导下写出了不少优秀作品。为了共同表达他们对共产党领导的革命武装的景仰、钦佩,张迺莹特取"萧红"、刘蔚天特取"萧军"作为笔名,两名合念,就是"小小红军"。

著名女作家冰心,原名谢婉莹。在《晨报》上发表《两个家庭》时,始用笔名"冰心"。她说,用这个笔名,"一来是因为冰心两字,笔画简单好写,而且是莹字的含义;二来是我太胆小,怕人家笑话批评,冰心这两个字是新的,人家看到的时候,不会想到这两个字和谢婉莹有什么关系。"①

曾任中共中央宣传部副部长的徐惟诚，在各种报刊上发表过许多十分漂亮的思想评论方面的文章，其所用的笔名也非常精彩——余心言。"余"，在古汉语中有"我"的意思；"心言"，即"心里话""肺腑之言"。我的心里话，娓娓道来，于平等、自然、亲切之间，与读者沟通思想，交流心得，探讨人生，这就摆脱了许多同类文章易犯的通病：大话、空话一套套，板起面孔教训人。说"余心言"是精彩的笔名，还因为它与作者的本名之间的关系很特别："余"是"徐"的一半，"心"是"惟"的一半，"言"是"诚"的一半。这种精巧的构思，确实令人拍案称绝。

1994年，世界上第一份中文网络文学刊物《新语丝》问世。主持新语丝网站、担任新语丝社社长的是中文互联网的先驱者之一方舟子。这"方舟子"就是一个笔名。其人本名方是民，1990年从中国科大生物系毕业后到美国留学，获生物化学博士学位。方舟子经常在网上舌战群雄，打抱不平，人称"网络斗士"。许多读者对"方舟子"这个笔名很感兴趣，不知是否典出《圣经》中的"诺亚方舟"。方是民本人解释说，方舟是两条船并在一起行驶的意思。方舟子就是脚踏两只船的人，以比喻自己在科学与人文领域里"两栖"的特点。②

---

① 朱守芬，等：《学林散叶》，上海：上海人民出版社，1997年，第250页。
② 海田：《与"网侠"方舟子谈文论"网"》，《中华读书报》，2000年11月8日。

中华文化元素 姓名

当然，并非所有作家的笔名都蕴含着如何深刻的"微言大义"。有人说"巴金"这一笔名中的"巴"指巴枯宁，"金"指克鲁泡特金，它反映了青年李尧棠当时的无政府主义倾向，其实不然。据巴老自己说明："巴"，是纪念一个投水自杀的叫巴恩波的北方朋友。至于"金"字，是一位学哲学的安徽朋友替我想的，当时我的书桌上正放有克鲁泡特金《伦理学》的英译本，他听我说要找一个容易记住的字，便半开玩笑地说了这个"金"字。声震文坛大半个世纪的笔名"巴金"，就是这样产生于不经意的谈话之间。

像这种并非"微言大义"的笔名，还可以举出一些例子。1954年10月16日，毛泽东给中共中央政治局的同志和其他有关同志写信，表扬了向"所谓红楼梦研究权威作家的错误观点""认真开火"的两个"小人物"——李希凡和蓝翎。这"蓝翎"，就是杨建中的笔名。关于这个笔名，杨建中说："我最初用这个笔名时想到的只是鸽子毛，后来读清史方知道'蓝翎'有二解，一是清朝皇帝身边最低等的侍卫称蓝翎，一是清朝七品官（县太爷一级）的顶戴是蓝翎。"杨建中知道了"蓝翎"的本义后，说"实在不好意思哩！""后来想改也难了，身不由己也，将错就错吧，一直用到现在。"①

还有不少作家的笔名，系由本名衍生而来，

① 蓝翎：《四十年间半部书》，谢泳编《思想的时代》，长春：吉林文史出版社，2000年，第297页。

最简单的是省去中间一字。于是，吴春晗成了吴晗，萧秉乾成了萧乾，孙怀谦成了孙谦。又有人在本名的谐音上动脑筋，于是徐茅荣变成了文学理论家徐懋庸，何启放变成了文艺评论家何其芳，严文锦变成了儿童文学家严文井，童天鉴变成了诗人田间。更复杂一些的是，先将本名颠倒次序，再取谐音。教授刘绶松，颠倒为松绶刘，取谐音"宋漱流"，便是一个不错的笔名。杨述的笔名文述阳，认识他的读者仔细一琢磨，就不难发现其中的秘密——文述阳反过来读，不就是杨述文吗？最有意思的，是在汉字特有的分合结构上做文章。戏剧大师老舍，本名舒庆春，他将"舒"字左右拆开，得舍予，用作表字，取"舍去自我"之义，又依老张、老李、老王的俗例，在"舍"前冠一"老"，就叫老舍，平淡无奇，非常符合自己作品特有的平民风格。无独有偶，与老舍齐名的大师曹禺，本名万家宝。"万"字的繁体上下分离，上为草头，下是禺字。取草之谐音曹，跟禺合成，"曹禺"一名，就此而定。

古往今来作家们五彩缤纷的笔名，构成一道韵味隽永的人文风景，人们流连其间，可以领受知识、情操的熏陶，吸取历史、文化的营养。但是，这些笔名也给文学史研究者留下了不少难解之谜。同一作家用多个笔名（郭沫若用过30多个，茅盾用过90多个，鲁迅有140多个），多

位作家用同一笔名（同时代的鲁迅、茅盾、夏衍，都曾自署"佩韦"）的现象比比皆是，要把它们一一弄清，绝非易事。更让人头痛的是，只知笔名而不晓真人的情况，就不止一桩。著名的言情小说《金瓶梅》，作者署名"兰陵笑笑生"，但其真实姓名和生平事迹都难以查考。根据小说的内容、笔法、语言功力来分析，明人沈德符提出的作者是嘉靖年间大名士的推测大致不错。此人祖籍山东，异常熟悉北京的风物人情，至于究竟是谁，或说李开先，或说王世贞，或说赵南星，或说薛应旗，但都提不出确凿的证据。此外，最早评说《红楼梦》的那位脂砚斋的本名及身世，也是云山雾罩，扑朔迷离。目前看来，这一类问题的最终水落石出，尚需时日，或许永远也难以确认。或许，这正是文学史探究迷人魅力的所在之一吧！

中国的表演艺术源远流长，演员以艺名传世的记载，多见于各种典籍。

唐代大诗人李白在《清平调词三首》（其二）里写道："一枝红艳露凝香，云雨巫山枉断肠。借问汉宫谁得似，可怜飞燕倚新妆。"词中的"飞燕"，指西汉著名舞人，原为阳阿公主家歌舞伎。她舞姿轻盈飘逸，人称艺名赵飞燕。成帝时入宫，先封婕妤，后立为皇后。《新五代史》《辽史》等古籍中也记录了不少演员的艺名，如镜新磨、罗衣轻等。曹雪芹笔下的艾官、宝官等"红楼十二官",就是十二位女演员的艺名。进入近现代以后,文化艺术事业蓬勃发展,演员的社会地位大大提高,艺术的天幕上,群星辉耀。演员是当今社会的明星,演员的艺名使这些明星放射出更加耀眼的光辉。

　　正像作家多不用本名而喜用笔名一样,演员也都愿意取一个独具风采的艺名。豫剧演员牛俊国,专攻丑角,演艺精湛。开封城里有一位渊博儒雅的李春芳老先生,很欣赏牛俊国的演艺,常看他的戏。牛俊国对李老先生也很敬佩。有一天,牛俊国向老人请教:"我主演丑角,名字却叫俊国,大家都认为不合适,您老能不能帮我取一个更好的名字?"老人告诉他:"姓侯的人,有叫侯得山的,猴子得了山,可以攀援。姓于的人,有叫于得水的,鱼儿得了水,可以畅游。你姓牛,何不取名牛得草呢?牛儿得了草,膘肥体壮,负重耐劳,韧力无穷啊!"一番话说得牛俊国茅塞顿开,欣然从命。演艺圈里,从此有了一个响亮而别致的名字——牛得草。与此有异曲同工之妙的是,电影演员牛犇原名张学景,出身很苦,在许多电影界前辈的扶助提携之下,走上演艺之路。一天,谢添老师对他说:"你不是演小牛子出名的吗?干脆,你就姓牛,再叫一个犇字,这样,你有了四头牛的劲头,一定能在今后的人

生之路上，克服困难，奋力前行。"张学景听了老师的话，从此改叫牛犇。

艺名的产生，不仅有很多趣闻，更有很多讲究。一般说来，艺名不外依从下面几种根据而定：

1. 表示艺术渊源

耳提面命，言传身授，是传统艺术传承的基本方式。许多演员喜爱用艺名来表示自己或宗法名师，或承继家学，而绝非半路出家、招摇撞骗的"野狐禅"。著名京剧老生谭鑫培的父亲谭志道，工老旦，享有"叫天子"的美誉。谭鑫培成名角之后，故取艺名"小叫天"，以示艺出有门。这种在父辈艺名前冠一"小"字的命名模式，相当普及。20世纪60年代，在风靡一时的戏曲片《孙悟空三打白骨精》中扮演美猴王的著名绍剧演员章宗义，6岁即登台献艺，由此而得艺名"六龄童"。他的儿子继承父业，艺名"小六龄童"，专攻猴戏，在电视连续剧《西游记》中饰孙悟空，赢得举国喝彩，恰证"青出于蓝而胜于蓝"古语之不诬。更有趣味的是，京剧老前辈余三胜的孙子余叔岩，为表明自己出于梨园世家，出道之初，即以"小小余三胜"作为艺名。还有的演员，倾慕前辈大师，虽与之并无血缘关系，也愿在大师的名字前加一"小"字，用作自己的艺名。评剧演员李再雯的艺名"小白玉霜"，就出自前辈评剧名家白玉霜。京剧武生俞振庭，艺品人品俱受后人景仰，演员孙毓坤钦佩俞先生，于是自定艺名"小振庭"。

2. 表示艺坛辈分

旧时培养戏曲艺徒，多采科班形式。科班艺徒按学习的届别统一确定艺名，办法是各人保留原姓，名字的首字表示在艺坛上的辈分，统一规范，名字的末字仍由自定。著名的京剧科班富连成社（初名喜连成社），1904年由叶春善等人在北京创办，先后开办7科，培养学生700余人。7科艺徒分别以喜、连、富、盛、世、元、韵七字作为艺名的辈分用字。他们中间产生了不少京剧大师，"连"字辈的有马连良、刘连荣，"富"字辈的有马富禄、谭富英，"盛"字辈的有叶盛兰、高盛麟。这种以统一辈分用字确定艺名的规矩，在京剧以外的其他剧种里也很盛行。例如，1921年，穆藕初在苏州创办昆剧传习所，招收学员70多人，一律以"传"字名辈。著名昆剧演员周传瑛、王传淞、华传浩就是其中的佼佼者。

3. 表示艺术追求

艺有源流，艺无止境。不少演员将自己在艺术领域内锲而不舍、志在高峰的远大抱负，通过艺名昭示于人。京剧大师盖叫天【图5-8】，本名张英杰。张英杰起初习武生，艺名"金豆子"。13岁那年，他随戏班到杭州演出，这时他已改习老生，唱文戏，再用"金豆子"的艺名就

中华文化元素 **姓名**

图 5-8 盖叫天

不太合适。怎么改呢？当时，"小叫天"谭鑫培已红遍江浙，张英杰想借借光，取艺名为"小小叫天""弄点小米吃"。哪知这一想法遭到许多人的嘲笑挖苦，说他自不量力，根本不配叫这个名字。深刻的刺激不但没有使少年张英杰就此消沉，反而激起他攀登艺术高峰的雄心壮志：凭什么你们看死了我演不过"小叫天"？我偏要发愤努力，盖过"小叫天"。对了，我就叫"盖叫天"！改名后的张英杰，苦练演艺，断臂折腿也无所畏惧。经过几十年的不懈锤炼，精益求精，终于形成自己以短打武生为主、注重造型美、着意刻画人物精神世界的独特艺术风格和流派。是否"盖过小叫天"，不好硬下结论，但他在京剧发展史上的卓越地位和广泛影响，则是毋庸置疑的。京剧舞台上，还有两位名声不小的演员，一个叫盖春来，一个叫盖月楼。与盖叫天相比，他们艺术上的造诣可能有所不及，但艺术上的追求却一点儿也不逊色——前者要"盖过"李春来，后者要"盖过"杨月楼。而李、杨二位，都是京剧史上赫赫有名的人物，地位绝不在"小叫天"之下。

4. 表示社会影响

北京相声艺人李佩亭，自幼随父学艺，后又师从恩绪、徐有禄等前辈，博采众长，多有创新，先后与张德泉、马德禄、张寿臣合作，在京津地区享有盛名，有"笑话大王"之誉。他擅长冷面滑稽，代表节目有《大审案》《耍猴儿》等，人们不称其本名，而呼"万人迷"。

5. 取自角色之名

勤奋敬业的演员，总是为角色的塑造竭尽心智，从而在观众心目中留下深刻的印象。久而久之，演员与角色，近乎浑然一体，角色的名字，也就成了演员的艺名。电影演员康泰，原名刘秉璋。他在话剧《重庆二十四小时》中扮演一个名叫康泰的角色，由于本人的身世、气质与剧中人物十分接近，刘秉璋演起来得心应手，出神入化，获得观众和行家的高度赞誉。刘秉璋也很喜爱这个角色，认为"康泰"之名不仅意义吉祥，而且发音响亮，便用它做了自己的艺名。粤剧演员红线女，本名邝建廉。她在《红线盗盒》中饰演女主角，精湛的演艺倾倒了无数戏迷。粤剧老前辈靓少凤非常欣赏邝建廉的表演，对她说："你不仅演得好，而且本人活泼开朗，聪明伶俐，很像

剧中的红线,我看你就叫'红线女'吧!"邝建廉高兴地接受了这个建议,从此以"红线女"名世。

6. 取自初登台时的年龄

演员是比较特殊的行当,多从幼时开始训练。不少人出道很早,几岁时便登台演出,并且一炮打响。这些演员常常用首次登台亮相时的年龄作为艺名。前面提到的绍剧演员章宗义,艺名"六龄童",便是一例。此外,京剧表演艺术家周信芳,艺名"麒麟童"。这"麒麟童"就是"七龄童"的谐音。

7. 出于某一精巧别致的构思

艺术讲究出新出彩,独具一格。这不仅是演员的职业禀赋,也是他们选取艺名时的一条重要思路。清末有一位知县,名叫德克金,当官不务正业,却喜爱吹拉弹唱。汪姓某君因此讥笑他不是做官的材料,只配去唱戏。后来,德克金被弹劾免职,他干脆不当"票友",直接下海,在沪上以演戏为职业。为了回应汪君的讥笑,并激励自己在艺术上干出点名堂来,德克金自取艺名"汪笑侬"。侬,在上海方言里是"你"的意思。姓汪的讥笑你,你该怎么办?汪笑侬的回答是精彩有力的。他吸取前人汪桂芬、孙菊仙的唱法特点,潜心钻研,别创新腔,成为一代京剧名家。和德克金一样,中途下海从艺的,还有红极一时的秦腔演员刘立杰、康正绪。刘立杰早年当过木匠，他便以"木匠红"作为艺名。康正绪是卖白菜的小贩出身，他便以"白菜红"作为艺名。还有的滑稽戏演员，考虑到剧种引人开怀的特点，艺名也独出心裁，令人忍俊不禁。例如盛呆呆、范哈哈、江笑笑、丁怪怪等。比以上艺名的构思更为奇巧的是电影导演谢添。谢添本名谢洪坤，年轻时以"谢天"之名活跃在话剧舞台上。这"天"字缘何而来？20世纪三四十年代，受欧美文化的影响，青年人喜欢用拉丁字母来做名字的简写。洪、坤二字用拉丁字母拼写，第一个字母分别是H和K。将H和K横过来写，并叠加在一起，就构成汉字"天"。这就是"谢天"的来历。后来，又以谐音关系，变"谢天"为"谢添"。

  表演大师们不仅为人们呈献了诸多艺术珍品，他们多彩多姿的艺名本身，就已构成一道绚丽的社会风景。

第四节　书斋室名

研究近代文化的学者,没有人不知道"饮冰室"的。饮冰室,是梁启超为自己的书房取的名称,其语出自《庄子·人间世》中叶公子高出使齐国之前对孔子的一段表白:"今吾朝受命而夕饮冰,我其内热欤。"叶公子高重任在肩,忧心忡忡,不得不靠喝冰水来平息内心的焦灼之火。梁启超援引"饮冰"一语,表达自己忧国忧民的炽热情怀,古朴典雅,情真意切。"饮冰室"之名,因而为世人所熟悉,并在相当程度上成了梁启超的别号和代称。

知识分子以室名自称,有一趣闻可做例证。近人张春帆,室名漱六山房。("漱六"之意,见本书第三章"姓名文采"之"姓名意义"一节。)某次,张氏致书平襟亚,书末有一礼貌用语"漱六山房鞠躬"。平襟亚看了,笑曰:"危

①郑逸梅:《艺林散叶》，北京:中华书局，1982年，第316页。

险危险！山房鞠躬，岂不倾塌，人被压死乎！"①

作为人名代称的室名的形式，是非常规范的偏正结构。前半部分百花齐放，异彩纷呈，而后半部分则统一为表示建筑式样的名词，或一字：室、斋、堂、馆、楼，如西轩（唐柳宗元）、陶庵（明张岱）、越缦堂（清李慈铭）；或二字：山房、精舍，如少室山房（明胡应麟）、诂经精舍（近代俞樾）、散原精舍（近代陈三立）。

私家室名斋号的产生，至迟不晚于汉晋之际。清《渊鉴类函》卷三百四十六引《晋传》："嵇含好学，能属文，家在巩县，门曰归厚之门，室曰慎终之室。"明人《山堂肆考》记载，东晋桓温于南州起斋，斋中绘盘龙，号"盘龙斋"。不过，室名斋号取代姓名，成为人物的称呼，这种风气是唐宋时代才兴起的。南宋爱国诗人陆游【图5-9】，室名"老学庵"。他自己解释："予取师旷'老而学如秉烛夜行'之语名庵。"（南宋陆游《剑南诗稿》卷三十三《老学庵》）师旷，是春秋时代晋国乐师，生而目盲，善辨声乐。陆游以他的话名庵，表明自己"活到老学到老"的恒心。稍晚于陆游的宋代豪放词派的代表人物辛弃疾，人称稼轩居士。这"稼轩"，就是他于淳熙八年（1181）在上饶郡城外所建书房，因房屋四周均为田亩，故名"稼轩"。

这种文化人以书斋或者居室之名闻世的社

图5-9 陆游

会风习,到明清时期更是风行一时。直到近现代,不少知识分子仍有这一雅好。文化人知书识礼,志向高洁,性情耿介,意趣雅致,这些品位特征往往通过他们的室名反映出来。

一　表白问学精诚

明末文学家张溥,尤擅散文,他歌颂市民反抗权阉斗争的《五人墓碑记》,流传甚广。张溥自小勤奋刻苦,所读之书必经手抄,抄完诵读一遍之后,将其烧毁,然后再抄再读,如是者六七遍,直至烂熟于胸。他由此而将书房命名为"七录斋"。

清朝乾嘉时代的大史学家钱大昕,自小便有神童之称。21岁那年,江苏巡抚指名将他送往苏州紫阳书院深造,书院山长誉其为"天下才",但是钱大昕本人从不以聪颖过人自居,而将自己的书斋名为"十驾斋"。"十驾"一语,出自《荀子·劝学》:"骐骥一跃,不能十步,驽马十驾,功在不舍。"驽马,指能力低下的马十驾,指十天所行的路程。钱大昕以驽马自励,认为只要天天奋力前行,同样能达到骏马一日千里的目标。

古人称治宏阔专深之学为"雕龙",而称弃本求末、寻章摘句一类的细琐之学为"雕虫",并有"雕虫小技"这样的贬人或自谦之辞。现代语言学家王力先生认为,做学问既要追求高远,又不可舍弃细微,而应兼顾二者,"龙虫并雕"。所以,他将自己的书斋取名"龙虫并雕斋"。

现代古生物学家杨钟健,将自己的工作间命名为"记骨室",表明终生以潜心研究脊椎古生物化石为学术事业。

现代语言学家杨树达认为,集腋成裘,聚沙成塔,学问要靠一点一滴的积累。所以,他的室名是"积微居"。

二 标举人生志向

宋代理学家朱熹【图5-10】在福建建阳辟一书室,根据自己的字"元晦",题室名为"晦庵",意思是"木晦于根,春荣华敷;人晦于身,

图5-10 朱熹

神明内腴"。表白自己要做一个外表含蓄、内德丰厚的贤明君子。后来,他更干脆以"晦庵"做自己的号。

清初学者颜元,早年尊奉二程(程颐、程颢)、朱熹之学,以"思古"为书斋命名。34岁那年,居祖母丧,恪守朱熹《家礼》之法,节食少饮,结果差点病死,从此即视理学为"杀人"之论,力加排斥。他批评宋明之儒"离事物以为道",非"尧舜周孔之正道",提倡"躬习实践",强调"习功""习行",并将自己的书斋改名为"习斋"。后来人们便称他"颜习斋"。

清人李绂,康熙进士,将自己的室名定为"无怒轩"。他还专门写了一篇《无怒轩记》,解释为什么追求"无怒":

> 吾年逾四十,无涵养性情之学,无变化气质之功,因怒得过,旋悔旋犯,惧终于念戾而已,因以"无怒"名轩。

这位李进士,检讨自己涵养不够,常吃发怒之亏,又无后悔药可吃,所以苦心以"无怒"名轩,时时警醒自己,不致重蹈覆辙。

清人张岳龄,为书斋题一匾额"味蓼书屋"。蓼,一种草本植物,味辛苦。《诗经·周颂·小毖》有"未堪家多难,予又集于蓼",说的是"不堪胜任国家辛苦事，我又陷入辛苦了"。"味蓼书屋"之名，表白其主人当此国势困顿之际，不避艰苦，勇担匹夫之责的决心。

辛亥时期反清进步文学团体"南社"的发起人之一柳亚子，不仅是书生，而且是斗士。他的书房名为"磨剑室"，取意于唐人贾岛的《剑客》诗："十年磨一剑，霜刃未曾试。今日把示君，谁有不平事？"推翻君主专制，铲除世间不平的铁血精神跃然而出。

近代合肥文士江云龙，以"达则为孔明，穷则为渊明"自言心声，并名居室为"师二明斋"。

历史学家陈垣，时常勉励自己要在学术园地里辛勤耕耘，将书斋命名为"励耘书屋"。他的弟子们纪念老师的文集，亦名《励耘承学录》。

与"励耘"的含义正相反，白玉蟾自题书斋之名为"慵庵"。慵，是懒惰、懈怠的意思。为什么起这么个怪怪的室名呢？且看他本人的说明：

> 丹经慵读，道不在书。藏教慵览，道之皮肤。至道慵要，贵乎清虚。何谓清虚？终日如愚。有诗慵吟，句外肠枯；有琴慵弹，弦外韵孤；有酒慵饮，醉外江湖；有棋慵弈，意外干戈；慵观溪山，内有画图；慵对风月，

内有蓬壶;慵陪世事,内有田庐;慵问寒暑,内有神都。松枯石烂,我常自如。谓之慵庵,不亦可乎?

看到这里,我们才恍然大悟:原来,在懒散的外表之下隐藏着的,却是诗人无为而为、不求而求的积极人生态度。

三 显示个人珍藏

研究《红楼梦》的专家学者,无人不对"脂砚斋"发生浓厚的兴趣。其人是曹雪芹的密友,身份神秘,姓名无考,脂砚斋是他的室名。为什么以"脂砚"名斋,有人认为是其人收藏有明代万历年间苏州名妓薛素素的一块脂砚,视为珍宝,因以名斋。据说此砚后落入清末两江总督端方手中。端方辛亥革命时在四川被杀,脂砚流入蜀藏砚家方氏之手,后为吉林省博物馆收藏。

清人潘仕成收藏有大量文物,其室名曰"周敦商彝秦镜汉剑唐琴宋元书画墨迹长物之楼",简直是一份家藏珍宝的清单了。

现代文史掌故专家、人称"补白大王"的郑逸梅老先生,为住所定名"纸帐铜瓶室"。根据是:"蜗居虽局促,但气氛古朴典雅,名家字画挂于墙,出土铜瓶置于桌,三五友朋聚此,论古道今,其乐陶陶。"[1]

---

[1] 何晓明:《中国姓名史》,武汉:武汉大学出版社,2012年,第276页。

更有意思的是，某周姓文士购得宋版陶渊明诗集和《礼》各一部，视为珍宝，于是将自己的书斋命名为"礼陶斋"。后来，他把《礼》转让给他人，书斋也随之改名"宝陶斋"。再后来，连陶诗集也被迫转让出去，书斋就只好叫作"梦陶斋"了。

四 体现幽默调侃

读书人于清苦的学业之余，每有调侃之举，自娱性情。清代一马姓文士，室名"透风透月两明斋"。透风透月，可见居处之败窘，但主人却毫无哀怨之叹，反以"两明"标榜其优胜处，足见其豁达、诙谐，非凡人所及。

与上则相比，下面这一故事就更有"黑色幽默"的味道。古来文人喜用"二酉"做书斋之名，缘由是唐人李吉甫《元和郡县志》载："大酉山有洞曰大酉洞，小酉山在酉溪口，山下有石穴，中有书千卷，旧云秦人避地隐学于此。"清代一铁匠，发迹后，附庸风雅，请某名士为其住宅命名，名士便题写了"二酉堂"。有人批评名士文不对题，但他不慌不忙地回答道："你仔细看'酉'字，直立正像打铁的铁砧，横卧又如洪炉的风箱，这两样物件，恰是铁匠的传家宝呢！"

1935年前后，鲁迅住在上海北四川路。这条马路是"租界"当局越出"租界"范围以外修

筑的,纵贯"公共租界"和闸北地区,这一片地带也就成了所谓的"半租界"。鲁迅便取租界二字各一半的"且介"与"亭子间"之"亭"搭配,作为自己的居处之名。这一段时间内锐如匕首和投枪的杂文集,也命名为《且介亭杂文》《且介亭杂文二集》和《且介亭杂文末编》。

读书人的书斋、住宅之名,除了叫某某室、某某斋以外,也有叫某某堂,以及某某馆、房、屋、阁、轩、庐、舍的。例如晚清大儒俞樾,就称自己的书斋有茶香室、右台仙馆、诂经精舍、春在堂等不同的名号。室名与堂名的区别是,堂名有时并非仅为书斋之名,而是作为祠堂、庙堂、讲堂等更大规模的建筑群落的总体称呼。例如,现代哲学家冯友兰先生住所的院落中,生长有三株挺拔的古松,先生十分喜爱,并因此将自己的居所名为"三松堂"。又如现代作家兼画家的丰子恺,1926年秋与弘一法师相遇,他请法师为寓所命名,法师令他写若干自己喜爱且易于搭配的字,团成纸球,拈阄而定。谁知两次拈到的竟然是同一个字"缘",于是遂定名"缘缘堂"。七年以后,丰子恺在故乡建成颇有规模的宅院,弘一法师手书的"缘缘堂"横幅,便高悬于门楣之上。

第六章 姓名游艺

不同的民族文化、社会生活，决定了异彩纷呈的游艺形式及其内容。姓名是民族文化的显著符号性表征之一，且在人们的社会生活中发挥着重要作用。因此，在姓名和游艺之间，我们可以发现许多有趣的关联。在相当的程度上，我们可以毫不夸张地说，姓名游艺是生动体现中华文化特质的重要形式之一。

第一节　姓名与对联

对联是有独立意义的对偶句，是中国一种独特的文学形式。研究对联的专家们认为，这一文学形式起源于桃符。传说上古之时，有名叫神荼、郁垒的兄弟二人【图6-1】，能抓鬼除害。

图6-1 神荼、郁垒

于是人们将他俩的形象刻在桃木板上，农历新年之时悬于门户，以驱鬼避邪。后来，雕刻简化为画像，画像又简化为文字，即将神荼、郁垒的名字写在两块桃木板上。为了使字数对称，就在荼前加上一"神"字。两块桃板，一块书"神荼"（读作申舒），一块书"郁垒"（读作玉立）。这就是古籍中所谓"桃符书二神字"。把"二神字"变成吉祥话，就演变成迎春的对联。据说，最早的对联是公元964年除夕，后蜀国君孟昶题写的"新年纳余庆，嘉节号长春"。从此，对联这一文学形式便逐渐活跃在社会生活的各个层面、各个角落，构成中国语言、文学的一道独特风景线。

对联的前身桃符上所书文字就是两个人名，可证姓名与对联的不解之缘。一千多年来，以姓名入对联，一直是对联创作中饶有兴味的主题之一。对联的上联和下联字数相等，内容相关，词性相对，句式相同，平仄相谐，文字相别。这一文体特征与中国人异彩纷呈的姓名相结合，产生出众多韵味隽永、生趣盎然的逸文佳话。

清人徐珂《清稗类钞》第五册"姓名类"有"姓名作对"一则：

朱竹垞曾以古人姓名作对，叶调生广其例，为之补遗，其佳者如公孙丑，母弟辰；郑小同，杨大异；韩擒虎，李攀龙；陈万年，张千载;直不疑,何无忌;张恶子,郑善夫;殷开山,俞通海;张九思,胡三省;王十朋,陆万友;李桐客,郭药师;郭虾蟆,王鹦鹉;刘黑闼,寇白门;郭芍药,郑樱桃;张红红,薛素素;皆可与"祭仲足,鲍叔牙"等共称佳话。文人游戏,往往喜争奇斗胜。昔东方虬自言后世必以己姓名与西门豹作对,有举"西门豹"属一九龄童对者,童举"南宫牛"以应之。①

西门、南宫,都是复姓;西、南同表方位,门、宫同属建筑,而豹、牛都是动物。西门豹是战国魏文侯时期邺县的县令,他破除迷信,禁绝为河伯娶妇的故事,为人们所熟知。而南宫牛是何许人,知道的人就不多了。南宫牛是春秋时宋国的臣子,左丘明《左传·庄公十二年》里有关于他的记载。九岁的儿童就懂得词性的逻辑对应关系,并且有相当的历史知识,因而能恰到好处地以"南宫牛"对"西门豹",确实很不容易。

汉字有形、音、义三要素,所以,姓名对联的制作与欣赏,也应循此三路而行。

从姓名用字的字形结构方面着眼,是产生妙联的一条重要思路。

宋人陈亚和蔡襄是好朋友。某次两人在金山寺对饮,酒兴酣畅之际,蔡襄挥毫题句:

① 徐珂:《清稗类钞》第五册,北京:中华书局,2010年,第2133页。

陈亚有心终是恶,

陈亚立即反击:

蔡襄无口便成衰。

上联用字形拼合之法,下联用字形离拆之法,虽是游戏之作,但两人的机智敏捷,足可称道。

乾隆年间,吴省钦出任直隶学政,贪赃枉法,胡作非为。某年乡试,吴任主考,一贫寒秀才,无钱送礼行贿,气愤难当,便在贡院大门左右贴出一副对联:

少目焉能评文字,
欠金安可望功名。

上联斥责主考"少目",根本没有评判试卷水平的能力;下联倾诉自己仅仅因为"欠金"便失去晋身之阶的愤懑之情。更妙的是,少目、欠金又直指"省钦"之名,实在是浑然天成,痛快淋漓。

与上一联有异曲同工之妙的是,乌达峰和恽次远同赴浙江主考,这乌某人乃一大草包,恽某人则为一大烟鬼。于是有人讽刺:

乌不如人,胸中只少半点墨;

军无斗志，身边常倚一条枪。

对联从乌、恽两字的字形入手，巧妙构思，生动传神。

自古英雄出少年。相传清代某九岁儿童与对联高手、有名的学者阮元对对时，阮元以自己的名字出对："阮元"，该童随口对应："伊尹"。这伊尹，是商初大臣，他助汤灭桀，立有大功。从字形上分析，元是阮的一半，尹是伊的一半；从人物关系上分析，一是名儒，一是名臣。这副对联字数虽少，的确精彩。又有一个客人以当地知府冯驯的名字出对：

冯二马，驯三马，冯驯五马；

显然，这一上联的难度大大增加了。可是聪明的儿童依然以伊尹的姓名对应：

伊有人，尹无人，伊尹一人。

根据冯驯和伊尹姓名的特殊偏旁，计算出"五马"和"一人"，妙趣横生且对仗工整，令人称奇。

利用姓名的谐音巧组联语，也可收出奇制胜之功。

 中华文化元素　姓名

明朝永乐年间有一位兵部尚书陈洽，自幼聪颖过人。八岁那年，他随父亲到河边游玩，河中舟来船往，十分热闹。父亲为了考考小陈洽，即景出一上联：

两船并行，橹速（鲁肃）不如帆快（樊哙）；

正当此时，河滩上传来牧童悠扬的笛声，陈洽灵机一动，朗声对出下联：

八音齐奏，笛清（狄青）难比箫和（萧何）。

樊哙、萧何是汉高祖的武将文臣，鲁肃是孙吴的谋士，狄青是北宋名将，屡立战功。利用四人姓名的谐音组词联句，不仅语意贴切，而且对仗工整，实为难得的佳作。

自号"江南第一风流才子"的明代画家唐寅，一日与友人张灵畅饮，酩酊大醉。张灵想试试唐寅酒后的才思，出一上联道：

贾岛醉来非假倒，

联语中贾岛是唐代诗人，作品多寒苦之辞，

著名的"推敲"典故就是由其诗句"僧推月下门"而来。"假倒"谐贾岛二字之音,指假装醉倒之意。这显然是一句比较刁钻难对的上联。哪知唐寅听后,并不冥思苦想,继续端杯,一饮而尽,然后从容对道:

刘伶饮尽不留零。

句中刘伶为西晋"竹林七贤"之一,嗜酒如命,有《酒德颂》传世。不"留零"借谐音之字,是说我已把酒喝得干干净净,一点没醉。张灵听了,哈哈大笑,连夸唐寅果然厉害,不愧才子之名。

近代四川军阀刘成勋,字禹九,绰号刘水漩,与赖心辉频年作战,人民苦不堪言。但懋辛以二人名字的谐音作了一副对联:

流水成灾因雨久,
赖人成事总心灰。

更多精彩的对联则是在姓名用字的字义上巧妙运思,别开生面。

明代风流才子唐伯虎,以机敏著称,但也有被人难住的时候。某次,他漫步于田间,对面一老农担河泥而来,两人必有一人让道。老农提议:我出一对子,你对上,我让;对不上,你让。

唐伯虎欣然同意。老农说：

一担重泥拦子路，

此句很刁，子路，是孔子弟子之名，又有"你的路"之意，而且"重泥"还是孔子之字"仲尼"的谐音。唐伯虎苦思良久，无法对出，只好悻悻让路。几年以后，唐伯虎外出，于夕阳晚照中，见纤夫们说说笑笑踏上回程，心中猛然记起上次老农所出之对，脱口而出：

两岸纤夫笑颜回。

严格地说，这句对得并不精当，但是毕竟有所交代：纤夫，谐音"庆父"，也是春秋时代的人名。颜回，既是孔子弟子之名，也有笑颜而归之意。所以，虽不精妙绝伦，也算差强人意。

某秀才被冤枉杀了人，怎么辩解也没用。审案的太守说，你说你受了委屈，历史上比你更委屈的人多得很。我出个对子，你若对上，便放了你，若对不上，别怪我不客气。太守道：

投水屈原真是屈，

秀才对应：

杀人曾子又何曾。

曾子是孔子的学生。一连几个人跑来报告，说他在外面杀了人。本来坚信儿子品行的曾母也不得不相信了，吓得跳墙逃跑。秀才对出的下联，不仅在格式上非常工整地对仗于上联，而且十分机智地表明自己和曾子一样，白背了杀人的黑锅，请太守明察。

清蒲松龄《聊斋志异》之《细柳》篇中，高生与细柳夫妇互对一联：

细柳何细哉：眉细、腰细、凌波细，且喜心思更细；
高郎诚高矣：品高、志高、文字高，但愿寿数更高。

对联从"细""高"两字的意义开掘，而且非常切合针对男女性别的不同社会期待，堪称妙联。

辛亥革命的果实被袁世凯侵吞，他当了83天的"洪宪皇帝"，就在举国上下一片唾骂声中死去，有人辛辣地写道：

起病六君子，
送命二陈汤。

"六君子",指杨度、孙毓筠、严复、刘师培、李燮和、胡瑛六人。他们于1915年组织"筹安会",为袁世凯复辟帝制摇旗鼓吹。"二陈"指陈树藩、陈宧,"汤"指汤芗铭,三人都是袁的亲信,后来看到大势已去,反戈一击,宣布对袁"独立"。袁世凯见众叛亲离,心火上攻,终至一命呜呼。此联的妙处,在于"六君子"和"二陈汤"除上述实义外,同时又都是中药的汤剂之名,将其活用在对联中,大大增强了讽刺意味和幽默效果。

1932年,清华大学入学考试,国文一科由著名史学家陈寅恪出题。陈先生独出心裁,出一道人名上联"孙行者",要求考生对出下联。对此怪题,一大半考生交了白卷,而且有人在报纸上撰文,批评这种"复古"做法。陈寅恪答辩道:这种考法最易检验学生的语文程度,寥寥数字,便可考察对词性、词义、平仄、虚实的掌握,因此无可非议。这一题虽说出得偏奇,但还是有人得了分。如一个考生对以白话文运动的健将"胡适之","适"对"行","之"对"者",都不错,惟"胡"对"孙"有欠工整,但这已经很不容易了。陈寅恪准备的标准答案就漂亮多了:"祖冲之"。"祖"对"孙"(名词相对),"冲"对"行"(动词相对),"之"对"者"(文言虚词相对),丝丝入扣,分毫不爽。

可与上面的对联相媲美的是,1953年,中国科学院组团出访,团长是物理学家钱三强,团员有数学家华罗庚、赵九章等十余人。旅途无事,科学家们难得轻松一回,华罗庚出一上联求对:

三强韩赵魏,

联中"三强"是团长之名,也指战国时的韩、赵、魏三个强国。众人苦思良久,无言以对。解铃还须系铃人,最后华罗庚说出下联,一语既出,举座皆拊掌称妙:

九章勾股弦。

这里的"九章",正是团员的名字,同时又指中国古代著名的数学典籍《九章算术》。该书首次记载了勾三股四弦五的定理。

此类对联还有一例十分精彩的典范。20世纪30年代,作家易君左写了一本《闲话扬州》,书中大谈该地的姑娘如何如何,引起扬州人的不满,议论纷纷。有人以此为题,撰一上联登报求对:

易君左闲话扬州,引起扬州闲话,易君左矣;

很快征得一漂亮下联:

林子超主席国府,连任国府主席,林子超然。

　　林子超即林森,国民党元老,当时任国民政府主席。他为避免与蒋介石的冲突,寄情山水,不问政事,蒋介石也乐得利用他这块招牌,林森于是连选连任。这副对联最精彩之处在于,不仅"君"对"子"十分工整,而且,"左"在古汉语中有"错误"的意思,"左矣"对"超然",妙极。

　　还有的对联将一人的名字拆开,分别嵌入上下联中,也颇具特色。

　　辛亥革命时期的"鉴湖女侠"秋瑾【图6-2】,大通举事失败,奋笔直书"秋风秋雨愁煞人",凛然就义于绍兴轩亭口。人们永久怀念年轻的女革命家,有人在她墓前敬献挽联:

　　悲哉秋之为气,
　　惨矣瑾其可怀。

　　联语略显低沉,但与悼亡主题还是相宜的。

　　康有为曾经是戊戌维新运动的泰斗,但晚年沦为开历史倒车的保皇派首领。他死后,章太炎撰对联讥讽道:

　　国之将亡必有,

图 6-2 秋瑾

老而不死是为。

这是一副"缩脚联",即上联"缩"去一妖字,下联"缩"去一贼字。而以"有为"二字结束,一来强调其针对性,二来又比较含蓄,确是妙联。

1962年2月24日,胡适逝世于台湾,有人撰一挽联:

胡复何言?当年假设太大胆;
适可而止,未来求证要小心。

20世纪20年代,胡适提出著名的治学原则:"大胆的假设,小心的求证",影响深远。挽联回顾了这一史实,并且委婉地表达了批评意见,特别是将胡适的名字十分自然地用于联中,构思精巧,广为流传。

将多人的名字流畅自然地组合进一副对联之中,需要更加高超的技巧。作家老舍在抗日战争期间,作过这样的对联:

素园陈瘦竹,
老舍谢冰心。

联中"素园"指近代翻译家韦漱园,译过果戈理的小说《外套》等作品。鲁迅曾赞誉他的朴实,是"楼下的一块石材,园中的一撮泥土"。陈瘦竹是小说家和戏剧理论家,中华人民共和国成立前后均在南京大学任教。素园对老舍,瘦竹对冰心,都非常工整。更精彩的是,"陈""谢"二字既是作家的姓,又可做动词理解。名词、动词、形容词一一相对,天衣无缝。1983年,中央电视台春节联欢晚会的一个节目是征联,其中一则上联为"碧野田间牛得草",获奖的下联为"金山林里马识途"。联中碧野、林里、马识途都是作家,田间是诗人,金山、牛得草是演员,六人全为文艺圈中的佼佼者,而且字面意义雅俗共赏,十分得体。

更有趣味的是用相同的人名来构成对联。1983年,来自北京和台湾的两位同名"高明"的学者,一道参加在香港召开的中国古文字学研讨会。与会者都是研究语言文字的专家,此事自然引起他们的兴趣。美籍华人学者周策纵教授以两位高明的姓名出一上联求对:

高明问高明:高明不高明?高明答高明:高明,高明!

显然,这是一道难题。于是有人提议在报纸上公开征求下联,启事在《大众报》副刊登出后,供职于法国《欧洲时报》的黎翁先生对出下联:

田汉语田汉:田汉非田汉,田汉学田汉:

田汉,田汉!

一般人看不明白这下联的含义,因为它的背后有一则历史的典故:1929年春,田汉应陶行知的邀请,率南国社剧团到南京晓庄师范演出。陶行知以校长的身份致辞欢迎:"今天,我以田汉的资格欢迎田汉。晓庄师范是农民办的学校,所以,我以一个'种田汉'代表的资格,在这里欢迎田汉。"田汉的答词当然也很幽默:"我是一个假'田汉',能受到陶先生及在座诸位真'田汉'的欢迎,实在是非常荣幸。我一定向真'田汉'学习!"这就是黎翁下联的来历。

中国历史悠久,文化灿烂,名人名典,美不胜收。有的对联在这方面下功夫,在文字的趣味层面之上,平添了文化的品格。

清道光年间,有举人李元度,以才气闻名。有名刘乃香者,想检验他是否名实相符,便前往拜访。见面先问其姓,李元度知道来者不善,傲然而答:

骑青牛,过函谷,老子姓李!

老子,这里用作双关,一是代称"我",二是实指古代大哲老子李耳【图6-3】。相传老子当年西游,就是骑青牛过函谷关而去。接着,李

图 6-3 老子

元度反问对方姓氏,刘乃香朗声而应:

斩白蛇,入武关,高祖是刘!

高祖,也是双关,既指曾祖之父,又指汉代开国皇帝刘邦。西汉司马迁《史记》记载,刘邦起事之初,怒斩挡道白蛇,历经磨难,率军自武关入秦,最终战胜项羽,夺得天下。从气势上看,刘乃香并未失分,但是要论历史久长,李元度显然占了上风。不过,惺惺惜惺惺,经过这一番嘴仗,刘、李二人从此成了文友。

洞庭湖口的岳阳楼,是历代文人墨客流连忘返之处。杜甫(曾自称少陵野老)有《登岳阳楼》:"昔闻洞庭水,今上岳阳楼。"范仲淹(字希文)有《岳阳楼记》:"先天下之忧而忧,后天下之乐而乐。"杜诗范文,同为千古名篇。于是有人以名人名篇组联:

后乐,先忧,范希文庶几知道;
昔闻,今上,杜少陵始可言诗。

该联从技巧上可圈可点,但口气实在是过于"狂妄"。

以上我们讨论的例证,或多或少都带有游戏的性质。而在某些场合,姓名对联还可以承担严肃的历史评价功能。

秦桧陷害忠良，卖国求荣，人人不齿。西子湖畔岳飞墓【图6-4】前那长跪不起的秦氏夫妇铁像，永久表达着正义对邪恶的审判。某年，一秦氏后裔秦涧泉来杭州当地方官。他觉得先祖的跪像实在丢丑，便命人在夜里偷偷将它们推入湖中。哪知第二天，铁像居然浮上水面，湖水发出阵阵恶臭。秦涧泉大惊失色，只得又将铁像捞起，重新跪在岳飞墓前。不久，他的一位朋友得知此事，故意拉他一道去凭吊岳墓。秦涧泉羞赧难当，于墓前口占一副对联，来表达对自己良心的谴责和对历史公论的尊重：

人从宋后少名桧，
我到坟前愧姓秦。

图6-4 岳飞墓

1642年，深受朱明王朝倚重的蓟辽总督洪承畴，松山会战中，兵败降清，时论大哗。人们将他与率领扬州军民坚守孤城，宁死不屈的大学士史可法相比，愈显忠奸天壤，泾渭分明。学者、诗人傅山撰一对联：

父成丑，子成丑，父子成丑洪成畴；
君可法，臣可法，君臣可法史可法。

又有人在洪氏生日时送上如此对联：

史鉴流传真可法，
洪恩未报反成仇。

民族气节是为人立世的基本底线，所以，汉奸比鬼子更令人痛恨。抗日战争胜利后，画家吴湖帆撰联鞭答汉奸梁鸿志、吴用威：

孟光轧姘头，梁鸿志短；
宋江吃败仗，吴用威消。

此联妙处，一在活用了历史典故，二在延续了名字的意义。孟光是梁鸿的妻子，对梁鸿十分体贴，有"举案齐眉"的佳话传世。她居然投入别人的怀抱，丈夫梁鸿之"志"，焉能不"短"？

吴用是宋江的军师,人称"智多星"。宋江吃了败仗,军师吴用之"威",焉能不"消"?

历史将英雄铸入纪念碑,将丑类钉上耻辱柱。上面这些对联,便是纪念碑光荣的铭文,耻辱柱鄙夷的刻辞。

以上所述,都是与个人姓名相关的对联。在讨论姓名与对联关系时,还有一类特别的、与家族相关的对联,也值得在此一说。

一般情况下,表示喜庆、祥和的对联并没有专属性,张家能挂,李家也能挂。但是,另有一类对联,为某一特定家族所有,只有这个姓氏的家族,才把它贴在自家门口。例如,"赠梅世泽,怀橘家声",这一对联,就为陆姓所专有。对联字句中,并无"陆"姓出现,但其内容却出自其先祖的事迹。"赠梅世泽",说的是六朝时,陆凯给范晔写《赠梅》诗:"折花逢驿使,寄与陇头人。江南无所有,聊赠一枝春。"突出的是一个"友"字。"怀橘家声",说的是西晋陈寿《三国志·陆绩传》所载典故:陆绩六岁时见袁术,"术出橘,绩怀三枚去。拜辞,堕地。术谓曰:'陆郎作宾客而怀橘乎?'绩跪答曰:'欲归遗母。'术大奇之。"突出的是一个"孝"字。陆氏后人把这副对联贴出,意在继承和弘扬友爱、孝悌的家风。

类似的家联还有周姓的"爱莲世泽,细柳家风"。"爱莲世泽",出自宋儒周敦颐【图6-5】的

图 6-5 周敦颐

名作《爱莲说》，突出莲花"出淤泥而不染"的清正品格。"细柳家风"，说的是西汉将军周亚夫的一段逸事：周亚夫驻军细柳（今陕西咸阳西南渭河北岸），文帝前往劳军，"天子先驱至，不得入"。后经周亚夫同意，文帝一行才得以进入军营，不过必须遵守营内规则，"不得驱驰""按辔徐行"。周亚夫见到文帝，并不行跪拜之礼，揖曰："介胄之士不拜，请以军礼见。"文帝不以为忤，反而赞叹："嗟乎，此真将军矣！"（西汉司马迁《史记·绛侯周勃世家》）周氏后人将此事载入家联，突出的是一个"严"字。既清且严的家风，是周姓的光荣遗产，当然应该通过对联的形式世代宣扬。

第二节　姓名与谜语

谜语是人民大众喜闻乐见的文学样式，古称廋词，亦称隐语。中国民间文学研究会会长钟敬文先生认为，"谜语是民间文学中一种特殊的韵文形式作品。它是表现人民智慧、培养和测验人民智慧的民间语言艺术。"[①]著名历史学家顾颉刚先生也说："谜语是民众们最精练的写生手段，它能在三两句话中把一件东西的特别性质指出，而又以隐语的方式表现之，使说穿了不值什么的话竟费了对方的大力去猜。这是民众的聪敏，民众的滑稽，民众的狡狯。"（《广州谜语序》）

中国谜语有悠久的历史。唐人文集里有孔子的弟子颜回让路妇猜谜的记载：

> 路妇，不知何处人也，孔子游行见之，头戴象牙梳，谓弟子曰："谁能得之？"颜

[①] 钟敬文：《民间文学概论》，上海：上海文艺出版社，1980年，第327页。

渊曰："回能得之。"即往至妇人处，跪而曰："吾有徘徊之山，百草生其上，有枝而无叶，万兽集其里，有饮而无食，故从夫人借罗网而捕之。"妇人即取栉与之。颜渊曰："夫人不问由委，乃取栉与回，何也？"妇人答曰："徘徊之山者，是君头也。百草生其上，有枝而无叶者，是君发也。万兽集其里者，是君虱也。借网捕之者，是吾栉也。故取栉与君，何怪之有！"颜渊默然而退。①

唐人的记载，不好作为春秋史实的确证。南北朝刘勰《文心雕龙·谐隐》说谜语起于魏：

> 自魏代以来，颇非俳优；而君子嘲隐，化为谜语。谜也者，回互其辞，使昏迷也。或体目文字，或图象品物；纤巧以弄思，浅察以炫辞；义欲婉而正，辞欲隐而显。

如此说来，谜语出世已有1700多年。比这更早的有关谜语的文献记载，见《荀子·解蔽》：

> 空石之中有人焉，其名曰觙，其为人也，善射以好思。

这里的"射"不是指"射箭"，而是指"射

---

① 王仿：《中国谜语大全》附录一，上海：上海文艺出版社，1983年，第544页。

策""射覆",亦即猜谜。另据钟敬文先生的考证,"中国谜语的渊源,在传说的黄帝时代已经出现了,它就是那首被文学史家们认为诗歌起源资料之一的《弹歌》。"[①]相传远古孝子为守护父亲的尸首,免遭禽兽的吃食,而发明了弹弓。《弹歌》就是歌咏这件事情的。钟先生"推断它大概是一首仅存的远古谜歌"。如此推算,谜语当有四五千岁的高龄了。

谜语的内容涉及人们生活的方方面面,人物姓名也是其中的一个重要组成部分。古往今来,构思精妙的姓名谜语层出不穷,异彩纷呈,构成一座智慧与艺术的百花园。人们徜徉其间,每能于奇思妙悟之余,感受到知识扩充、性情陶冶、品位提升的愉悦。

谜语一般由谜面、谜目和谜底三要素组成。谜面是提供给猜谜者的题目,谜目是为猜谜者划定的思考范围,谜底是标准答案。由于人物姓名谜语属于文字类谜语,所以又常有谜格的要求。谜格是确定谜底时必须遵循的特殊规则。掌握谜格而后去猜谜,就好比运用公式去解答数学题一样。例如:

> 漏室(谜面),朱履格(谜格),打一人名。
> (谜目,因本节所述之谜全为人名谜,故以下谜目省略)

[①] 钟敬文序,高伯瑜:《中华谜语集成》第一册,北京:人民日报出版社,1991年,第1页。

朱履格，又名红鞋格，要求谜底须三字以上，除末字正读外，其余的字都要读成白字。依此规则，谜底应是——林（淋）语（雨）堂。"淋雨"扣"漏"，"堂"扣"室"，可谓天衣无缝。林先生是语文大师，曾首创英语 Humor 一词的中文译法"幽默"，没想到他自己的姓名也被人如此"幽了一默"。

唐三彩（谜面），遥对格（谜格）。

遥对格，又名求偶格、流水格、锦屏格，要求谜底与谜面形成对偶句式。依此规则，谜底是李四光（著名地质学家）。唐代皇帝姓李。所以"李"对"唐"，"四"对"三"，"光"对"彩"，十分工整。

刘备传（谜面），下楼格（谜格）。

下楼格，又名低头格，要求谜底在三字以上，而且应将谜底的首一字移做末一字。此谜的谜底是史蜀君（著名电影导演）。依谜格要求，史蜀君应读作"蜀君史"，正与"刘备传"字字相扣。

唯您最合适（谜面），白头格（谜格）。

白头格，又名素冠格，谜底不少于三字，将首字谐音白读，扣合谜面。谜底是韦(唯)君宜(著名作家)。"君"扣"您"，"宜"扣"最合适"，"韦"谐音作"唯"，姓名相连，与谜面之意正相吻合。

心有灵犀一点通（谜面），梨花格（谜格）。

上条白头格，只是将第一个字谐音白读。这条梨花格，又名冰玉格，谜底不得少于三字，字字都要谐音白读。心有灵犀一点通的前提是"情相连"，三个字全部用谐音字代换——"秦香莲"，即历史故事中那个名声糟糕透顶的负心汉陈世美的结发妻子。

秋雁何去（谜面），摘巾格（谜格）。

摘巾格，又名摩顶格，谜底不少于三字，且首字的上半部分须省去，谜底为蒋(将)南翔(教育家，"文革"前高教部长)。秋高气爽时节，大雁向何方？答曰：即将向南飞去。这确是一条运思精巧、意境高远的佳谜。

六出祁山（谜面），秋千格（谜格）。

秋千格，又名转珠格，谜底限定两字，前后颠倒来读。诸葛亮六出祁山，是《三国演义》的重头篇章。这六次军事行动的目标是同一的，即进攻魏国。进攻魏国，省作"征魏"。依谜格规则二字倒读——"魏徵"（唐代名相），即为谜底。

模样似君实（谜面），双钩格（谜格）。

双钩格，又名双调格，此格与秋千格同类，区别在谜底限定四字，前两字与后两字互换位置而成谜底。这条谜语的谜底为司马相如（汉代辞赋家）。北宋大史学家司马光【图6-6】，字君实。某人的模样（相）与君实（司马）相似（如），即"相如司马"。再按谜格规则前后颠倒，读作"司马相如"。

驱逐舰（谜面），亥豕格（谜格）。

亥豕格，又名鲁鱼格。此格名源于一条成语——"鲁鱼亥豕"。在篆文中，"鲁"与"鱼"，"亥"与"豕"字形相似，时常发生混淆错误。所以人们就把写错形近的字，称作"鲁鱼亥豕"。再看这条谜语："驱逐"，即"赶"之意，"舰"即"舟"。"赶舟"二字均取形近字相代，即谜底"赵丹"（著名的电影表演艺术家）。

图6-6 司马光

宫角徵羽（谜面），脱帽格（谜格）。

脱帽格，又名斩头格，谜底限三字以上，除掉第一字不读，以余下的几字之意扣合谜面。这是一条比较难猜的谜语，猜谜者须具备一定的古代音乐常识，才有可能猜中。中国古代音乐学里有"五音"之说。五音，亦称五声，即中国五声音阶中的宫、商、角、徵（读作 zhǐ）、羽五个音级。此谜谜面为"宫角徵羽"，比照五音，"商"被"隐"去，中国历史上以"商隐"之名闻世的，只有唐代诗人李商隐，而脱帽格的要求正好是除掉第一字"李"不读。寥寥数字的一条谜语里，竟然包含着如此丰富的文化内容，实在令人感叹不已。

附有谜格要求的人名谜语，确实比较"专业"，一般人不太容易猜出。但是，即便我们不做这方面的要求，与人名相关的谜语仍然是一种包含丰富历史文化内涵的特殊游艺，要想成为猜人名谜的高手，如果没有广博的相关知识，也是非常困难的。

清代谜书《群珠集》中有一则看似简单的人名谜："朋友之交也。"谜底是：第五伦。第五是复姓，第五伦是汉章帝时的名臣。为什么说这就是谜底？中国古代将君臣、父子、兄弟、夫妇、朋友之间的五种关系称为"五伦"。《孟子·滕文

公上》称:"使契为司徒,教以人伦:父子有亲,君臣有义,夫妇有别,长幼有序,朋友有信。"在这些关系中,"朋友有信"排列第五,所以"朋友之交也"的谜底正是"第五伦"。

《群珠集》里另一则人名谜:"还定三秦。"谜底是刘基。刘基,字伯温,明代的开国元勋。为什么刘基可对应"还定三秦"?其根据是秦末汉初的一段史实:刘邦与项羽争夺天下,结果是刘邦抢先一步,占得三秦之地(秦亡,项羽将秦故地汉中一分为三,封章邯为雍王,领有今咸阳以西之地,司马欣为塞王,领有今咸阳以东之地,董翳为翟王,领有今陕西北部之地,合称三秦),就此奠定了西汉两百年刘姓帝业的基础——简称刘基。

再看几则谜语:

"年几何矣",猜一上古人名。谜底——盘庚。盘庚是汤的第九代孙,他即王位后,为摆脱国势衰微的困境,将都城从奄(今山东曲阜)迁到殷(今河南安阳)。《尚书·盘庚》就是他迁殷前后的报告记录。盘,有盘点、计算之意;庚,年龄,同龄人也称同庚。计算年龄,即"盘庚"。

"李斯去国",猜一《红楼梦》人名。谜底——秦可卿。李斯是战国时楚人,后离楚入秦,被秦王政(即后来的秦始皇)任为客卿。秦统一六国后,又出任丞相。显然,如果不了解这一段史实,是绝对猜不出谜底的。

"圉人牧人",猜一春秋时代人名。谜底——司马牛。司马牛是卫国大臣,春秋左丘明《左传·哀公十四年》载有其事迹。《左传·昭公七年》:"马有圉,牛有牧。"圉人养马,牧人放牛。司,有司职、管理之义。司马牛,就是负责喂养马牛的人。

"悟空悟能",猜一春秋时人名。谜底——申亥。申亥是楚国大臣,春秋左丘明《左传·昭公十三年》载有其事迹。悟空是孙猴子,悟能是猪八戒。中国传统的生肖命名,以十二地支与十二动物相配合,即子鼠、丑牛、寅虎、卯兔、辰龙、巳蛇、午马、未羊、申猴、酉鸡、戌犬、亥猪。以猴、猪的属相对应谜面的悟空、悟能,就能得出谜底——申亥。

"不三年而鲁大治",猜一汉代人名。谜底——孔安国。孔安国是《尚书》古文学派的开创者。孔子曾夸口:"苟有用我者,期月而已可也,三年有成。"(《论语·子路》)意思是:如果有人用我来治理国家,一年就差不多了,三年必然大见成效。谜面用此典故,谜底则点明"孔子安国"的主题。

"儒冠作溺",猜一帝王名。谜底——刘盆子。刘盆子是新莽末年赤眉起义军拥立的皇帝,后投降刘秀。此谜构思的历史依据是:刘邦一向瞧不

起儒生（读书人），甚至用儒生戴的帽子做尿盆。"儒冠作溺"就是说的这一典故，所以，谜底只能是"刘盆子"。

中国古代谜书中，还有许多以诗歌形式为谜面的人名谜，一首诗歌，猜一组或一个人名。这对猜谜者的文化知识素养要求就更高了。

宋人周密的《齐东野语·隐语》里，有一首"以今人名藏古人名"的诗歌："人人皆戴子瞻帽，君实新来转一官，门状送还王介甫，潞公身上不曾寒"。四句诗的字面上有四个宋代人名：苏轼，字子瞻；司马光，字君实；王安石，字介甫；文彦博，字宽夫，仁宗时封潞国公。字面下隐藏四个古人名：仲长统（东汉学者）、司马迁（西汉史家）、谢安石（东晋政治家，名安，字安石）、温彦博（唐代名臣，太宗时任中书令）。

明人黄周星，撰有专射人名谜的《廋词》，全书共四十笺，谜底为历朝历代的200个人名。举例如下：

第二笺："两人名同姓各别，姓虽各别也相连。一个在太白腮畔，一个在子房鬓旁。"（三代、汉各一人，各二字）——李耳、张耳。

第十笺："三日婴儿甫离怀，天边黑豹送将来。家中有片花花板，好似军中抵箭牌。"（三代三人，各二字）——微子、箕子、比干。

第十一笺："姓也是姓，名也是姓；姓也像名，

图 6-7 狄青

名也像姓;其名无人名,其姓有人姓;姓是有人名,名是无人姓。"(三代人,二字)——伊尹。

第十四笺:"城外小儿,衣冠齐楚;树下小儿,辉映台辅。"(唐二人,各三字)——郭子仪、李光弼。

第十五笺:"两人名同姓却差,郁郁葱葱气色佳。一在河南一塞北,三千年是旧冤家。"(汉、宋各一人,各二字)——卫青、狄青【图 6-7】。

第十七笺:"子美致书退之,别来俱幸无恙。有人附报平安,却在山阴道上。"(汉一人,六朝二人,各二字)——杜康、韩康、嵇康。

第二十三笺:"四人姓同名不同,夏官堂上闹哄哄。一个道田单破阵,一个道董卓移宫,一个道廉颇刎颈,一个道孔明火攻。"(春秋一人,三字,汉二人,一三字,一四字,宋一人,三字)——司马牛、司马迁、司马相如、司马光。

第二十四笺:"两人同姓异名,大家樵采为生。一个在咸阳古道,一个在曲沃名城。"(战国一人,唐一人,各二字)——苏秦、苏晋。

第二十六笺:"两人姓名俱不同,姓虽不同字却同。尊卑颠倒一家中,一个儿鳌头独占,一个儿八面玲珑。"(战国一人,汉一人,各三字)——孙叔敖、叔孙通。

第二十七笺:"四人二字一相同,此字时时在口中。吾父之孙兄及弟,九宫八卦尽皆通。"(三

代一人,春秋三人,各二字)——子牙、伯牙、叔牙、易牙。

第三十四笺:"是人不是人,一分似兽二分人。虽是二分人,又非冠带老成人。"(唐人三字)——牛僧孺。

第三十五笺:"二美姓名相亚,一字微分两下。好座阛阓城,旁人还道不大。不大不大,为甚姐儿都嫁?"(六朝一女人,宋一女人,各三字)——苏小小、苏小妹。

第三十七笺:"二美姓名各别,稍头一字无差。一个儿芳草天边半缺,一个儿莹莹白玉无瑕。大名唤烂更光华,不在公侯之下。"(汉二女人,各三字)——卓文君、王昭君。

清人毛际可,字会侯,浙江遂安(今淳安)人,顺治进士,与毛先舒、毛奇龄并称"浙中三"。他撰有《灯谜》,谜底全为《孟子》书中出现的人名。有人评价其作:"即作绝句观,亦是佳构,矧属灯谜乎!"下面摘录几则:

《圣瑞图》:"美玉无瑕辑瑞同,岐丰佳气庆云中,从天产下鳞虫长,两道祥光一色红。"——白圭、周霄、龙子、丹朱。

《嘲一家低棋》:"满园棋声暑气收,乃翁局败少机谋,君家季父还犹豫,为语儿童且自休。"——弈秋、公输子、子叔疑、子莫。

《嘲村学究》:"身长九尺皓须眉,俯首长如持满时,村塾全然物约束,任儿携幼浴清池。"——高叟、戴盈之、师旷、子濯孺子。

《老农》:"中男驱犊向前村,万事全抛静掩门,更与诸儿相共语,年来齿落复生根。"——牧仲、长息、告子、易牙。

与毛际可的《灯谜》不同,清人又一村居士的《灯谜偶存》,每首诗的谜底,均为同一时代人物,如:

其一:"芳园不独有桃红,袅娜长条舞态工,开宴好恣游玩乐,一番冷病已消融。"猜唐人四,谜底为李白、柳泌、张延赏、韩愈。

其二:"雪埋墙洞已春风,一眼直看卧室中,且幸瓮头香不透,此间应得遇奇踪。"猜东汉人四,谜底为窦融、李通、盖延、冯异。

其三:"为因掘井费人工,波浪奔腾上碧峰,遥寄一书千里外,多君赠我水芙蓉。"猜晋人四,谜底为陶潜、山涛、阮咸、谢惠连。

其四:"垂条袅娜舞新丝,开共红桃岂肯迟,最是洞庭荆楚地,四时都是赏花时。"猜明人四,谜底为杨容、李春芳、胡广、常遇春。

以上所述,是难度较大、要求较高的人名谜语。除此之外,流行民间的,是大量的较为通俗的人名谜语,它们同样也以其巧妙的构思,引人入胜。

有的谜语,一旦猜出,立即给人轻松幽默

的享受。例如:

合欢被——吕蒙(三国吴将领)

翘须——胡子昂(民主人士)

文笔过火——章太炎(近代学者)

纵虎——许还山(电影艺术家)

恩威并施——严济慈(物理学家)

潜水艇——沈浮、于洋(二人均为电影艺术家)

一吐为快——陈白露、方舒(陈系曹禺话剧《日出》中的角色,方为其扮演者)

有的谜语,在字形上花样翻新。例如:

冀中男儿——田汉(戏剧艺术),"田"为"冀"字之"中";"汉"扣"男儿"。

留下七十人——田华(电影艺术),"田"为"留"字之"下";"华"字拆开,成"七""十""人"。

有的谜语,充满诗情画意。例如:

红雨随心翻作浪(谜面取自毛泽东《送瘟神》诗句)——朱波(足球运动员)。

八月秋高风怒号(谜面取自杜甫名作《茅屋为秋风所破歌》之首句,其下句为"卷我屋上三重茅")——茅以升(桥梁专家)。

大雪压青松(谜面取自陈毅元帅诗句)——叶佩素(田径运动员)。

有的谜语,蕴含历史文化知识。例如:

龙的传人——夏衍(电影艺术家)、黄胄(画家）。中国古称华夏、夏；衍，有延续之意。炎、黄二帝是中华民族的先祖；胄，即后代人。加之夏衍、黄胄二位都是卓有建树的艺术大师，不愧"龙的传人"。所以这是一条非常精彩的谜语。

联俄联共扶助农工——孙策（三国时吴国建立者孙权之兄）。1923年底，孙中山在中国共产党的帮助下，召开国民党改组会议，确定了联俄、联共、扶助农工的三大政策。所以，定"孙策"为谜底，是紧扣谜面的精当答案。

最妙的是，有些谜语的谜面和谜底都是人名。例如：

谜面——曹丕（魏国建立者，文学家），谜底——魏武子（春秋时人物，晋臣）。此谜逻辑推理简单——曹丕是曹操的儿子，而曹操死后被曹丕追尊为魏武帝——难的是知道历史上有魏武子这个人。

谜面——严颜（三国时代将领），谜底——张释之（西汉官员，文帝时任廷尉）。张释之主张："法者，天子所与天下公"，建议文帝依法行事。严颜与张飞对阵，严兵败被俘，宁死不降，张飞钦佩其骨气，将他释放。所以，"张释之"正扣谜面"严颜"。

谜面——谈迁（明末清初史学家），谜底——白居易（唐代诗人）。白，道白，扣"谈"；居，居所；易，变易，变更；变更居所，扣"迁"。

前呼后应,巧妙成篇。

谜面——谢芳(电影艺术家),谜底——花荣、时迁(二人均系《水浒传》中人物)。繁花似锦的时节已过,芳菲凋谢,落英缤纷。谜面与谜底,共抒"流水落花春去也"的惋惜哀怨之情,韵味久长。

参考文献

一、古籍

1.【西汉】戴圣：《礼记》。

2.【春秋】左丘明：《左传》。

3.【西汉】司马迁：《史记》。

4.【东汉】班固：《汉书》。

5.【东汉】许慎：《说文解字》。

6.【南北朝】颜之推：《颜氏家训》。

7.【南宋】郑樵：《通志》。

8.【清】顾炎武：《日知录》。

9.【清】钱大昕：《十驾斋养新录》。

10.【清】章学诚：《文史通义》。

11.【元】完颜绍元：《赵钱孙李》。

12.【清】梁章钜，郑珍：《称谓录 亲属记》。

二、近现代著作

1.胡厚宣：《殷代婚姻家族宗法生育制度考》，

齐鲁大学国学研究所，1944年。

2. 钟敬文：《民间文学概论》，上海：上海文艺出版社，1980年。

3. 鲁迅：《鲁迅全集》，北京：人民文学出版社，1981年。

4. 宋兆麟，黎家芳，杜耀西：《中国原始社会史》，北京：文物出版社，1983年。

5. 王仿编：《中国谜语大全》，上海：上海文艺出版社，1983年。

6. 徐珂：《清稗类钞》，北京：中华书局，1984年。

7. 徐俊元，等：《贵姓何来》，石家庄：河北科学技术出版社，1985年。

8. 萧遥天：《中国人名的研究》，北京：新世界出版社，2007年。

9. 谢维扬：《周代家庭形态》，北京：中国社会科学出版社，1990年。

10. 王相：《百家姓考略》，北京：中国书店，1991年。

11. 高伯瑜：《中华谜语集成》，北京：人民日报出版社，1991年。

12. 孔庆茂：《钱钟书传》，南京：江苏文艺出版社，1992年。

13. 莫雁诗，等：《中国状元谱》，广州：广州出版社，1993年。

14. 胡奇光：《中国文祸史》，上海：上海人民出版社，1993年。

15. 袁玉骝：《中国姓名学》，北京：光明日报出版社，1994年。

16. 张中行：《桑榆自语》，北京：人民日报出版社，1996年。

17. 李学勤：《古文献论丛》，上海：上海远东出版社，1996年。

18. 谢钧祥：《中华百家大姓源流》，郑州：中州古籍出版社，1996年。

19. 吉常宏：《中国人的名字别号》，北京：商务印书馆，1997年。

20. 纳日碧力戈：《姓名论》，北京：社会科学文献出版社，1997年。

21. 李辉：《文坛悲歌》，广州：花城出版社，1998年。

22. 王鹤鸣，等：《中国谱牒研究》，上海：上海古籍出版社，1999年。

23. 王泉根：《中国人名文化》，北京：团结出版社，2000年。

后　记

　　冯天瑜、姚伟钧先生主编、长春出版社出版的《中华文化元素》丛书，是普及历史知识、弘扬中华文化的重要工程。有幸参与其中，是笔者的荣耀。关注中国人的姓名问题有年，但如何凸显其文化元素的特性，并将其准确、生动地表达出来，对笔者来说，依然是需要认真对待的一次学习和挑战。希望拙著能对读者有所补益，有所启发。

　　长春出版社各位责任编辑勤勉敬业，对拙著完成多有督促、鞭策之功，在此谨表谢忱！

　　是为后记。

何晓明
2016 年 10 月